KB273150

나도 은행원이 되고 싶다

은행 취업, 서류전형부터 면접까지 AtoZ

나도 은행원이 되고 싶다

이국헌 지음

매일경제신문사

정규직 대졸 은행 공채 지원자 2만 명, 9급 공채 공무원 지원자 20만 명 시대다. 공무원 다음으로 인기 있는 직종이 바로 은행원이 아닐까 싶다. 그만큼 자신의 적성이나 비전보다 막연히 선망하는 직업 중 하나로 '은행'을 택하는 취업준비생들이 많다는 이야기가 될 것이다.

은행원을 자신의 직업으로 택하기 전에 스스로에게 진지하게 물어보자. 나는 왜 은행을 직장으로 선택하려 하나? 나는 왜 금융업을 직업으로 선택하려 하나? 평생직업만 존재하고 평생직장은 없다. 《나도 은행원이 되고 싶다》는 현재 은행권 취업을 목표로 하고 있는 학생, 지금부터 6개월 후에는 '은행 취업 희망자'에서 '은행원'이 될 독자들을 위한 GPS(Global Positioning System)가 되고자 만들어졌다.

경험의 차이가 곧 실력의 차이이다. 오랜 기간 학교 강의를 통해 학생들의 고민과 애로사항을 청취했다. 뿐만 아니라 취업 프로그램 운영, 취업 코칭, 카페 운영 등을 통해 폭넓은 실제자료를 수집, 현장감을 높였다. 무엇보다 필자는 은행원 선배이기도 하다. 외환은행에 입사해 인사팀장과 본부장, 퍼시픽유니온뱅크(Pacific Union Bank) 인사부장(미국 LA), 캐나다 외환은행 인사부장(캐나다 토론토) 등 12년 동안 HR 분야에서 경력을 쌓았다. 그동안 10만 명 이상을 인터뷰했고, 1만 명 이상의 채용을 진두지휘했다. 그 모든 경험을 이 책에 담았다. 따라서 독자는 이 책을 통해 꼭 필요한 실전 노하우를 발견하게 될 것이다.

취업준비생은 자신만의 재능을 가지고 승부를 거는 것이 중요하다. 바둑에서는 상대가 가장 두고 싶은 수를 찾아야 우승할 수 있다고 한다. 취업에서는 면접관이 뽑고 싶은 사람이 되어야 합격할 수 있다.

이 책이 빛을 보게 도와주신 분들에게 고마움을 전한다. 아이디어를 더욱 정교하게 다듬을 수 있도록 도와준 황의재 HSBC 이사, 장군 외환은행 역삼역 지점장, 김인성 국민은행 락스타 홍익대와우존 지점장, 송유원 신한은행 대리, 차혜인 외환은행 계장께 감사의 인사를 드린다.

자료 수집과 적극적인 토론으로 책의 질을 높여준 고려대학교 최유미, 장인영, 성광현, 이혜선, 육예지, 이민우, 이재영, 이헌송, 서승완, 도지은 학생의 노고에도 고마움을 전한다.

CONTENTS

PART 01

금융시장 이해하기

01
금융시장, 무엇을 하는 곳인가

금융시장(金融市場, financial market)은 자금 거래가 이루어지는 시장을 통틀어 이르는 말이다. 금융은 금전에 대한 채권·채무관계를 발생시킨다. 금융에 따른 채권과 채무관계를 포함하고 있는 증서를 금융자산이라고 한다. 주식, 채권, 은행 예금, 보험증서 등이 금융자산에 해당된다.

그리고 금융이 이루어지는 시장, 즉 금융자산이 매매되는 시장을 금융시장(financial market)이라고 하며, 금융에 관련되는 업무를 집행하는 기관을 금융기관이라고 한다. 금융자산, 금융시장, 금융기관이 모두 합해져 형성되는 제도를 금융제도(financial system)라 한다.

금융이란 돈의 융통, 즉 돈을 빌려주고 빌리는 행위를 말한다. 돈을 맡길 곳을 찾는 자금 공급자와 빌려올 곳을 찾는 자금 수요자가 모여서 거래가 형성되는 시장이 금융시장이다. 기업, 가계, 정부, 금융기관 등 경제 주체들이 금융상품을 거래해 필요한 자금을 조달하고 여유자금을 운용하는 조직 또는 비조직화된 장소를 말한다.

금융시장은 다음과 같이 두 가지로 나눌 수 있다.

첫째, 간접 금융시장이다. 이는 은행, 보험회사 등의 금융기관이 자금 수요자와 공급자 사이에 존재해 금융기관이 공급자로부터 자금을 빌린 후에 이를 다시 자금 수요자에게 대출해주는 금융시장이다.

둘째, 직접 금융시장이다. 자금 공급자와 수요자 간 직접 대출과 차입이 이루어진다. 이 경우에도 금융기관이 존재하기는 하지만 단지 알선을 하고 수수료만을 받을 뿐이다. 간접 금융시장에는 은행, 보험회사 등 대부분의 금융기관이 있다. 반면 직접 금융시장에는 주식이 매매되는 주식시장과 채권이 매매되는 채권시장이 있다. 금융시장은 자금 중개, 금융자산의 가격 결정, 유동성 제공, 거래비용 절감, 위험 관리, 시장규율 등의 일을 처리한다.

금융시장은 기업, 가계, 정부, 금융기관 등 경제 주체들이 금융상품을 거래해 필요한 자금을 조달하고 여유자금을 운용하는 조직화된 장소를 말한다.

- 시간, 국경, 산업을 초월해 자금(자원)의 이전수단을 제공한다.

- 상품, 서비스, 자금의 원활한 거래를 위해 결제수단을 제공한다.

- 리스크 관리수단을 제공한다.

- 대규모 프로젝트를 위한 자금 축적 및 대기업 소유권을 다수의 소유자에게 분할하는 수단을 제공한다.

- 경제 각 부분의 독립적인 가격 결정을 위한 정보를 제공한다.

- 정보비대칭이 존재하는 경우나 어떤 자가 타인의 대리인으로서 행동할 경우 인센티브(incentive)에 관한 문제 해결수단을 제공한다.

02

은행은 어떤 인재를
선호하는가?

금융권 취업준비생에게 입사선호도가 높은 국내 대표 은행의 인재상을 알아보자.

외환은행

– Trust & Honor

– Open Mind & Teamwork

– Passion & Self–Development

– Customer–Oriented Business Mind

: 항상 고객 중심에서 생각하는 행동하는 프로금융인

국민은행

- 고객우선주의

- 자율과 책임

- 적극적 사고와 행동

- 다양한 가치의 존중

: 창의적 사고와 행동으로 변화를 선도하며 고객가치를 향상
  시키는 프로금융인

우리은행

- 고객 행복

- 미래 도전

- 정직·신뢰

- 인재 제일

: 최고의 금융전문가

신한은행

- 변화 주도(creativity)

- 상호존중 고객 중심(compassion)

- 최고 지향 주인정신(capability)

– 따뜻한 가슴을 지닌 창의적 열정가

: 신한의 문화 속에서 프로금융인으로 성장할 가능성이 무궁무
  진한 인재

하나은행

– 자주
– 자율
– 진취
– 성과리더십
– 조직리더십
– 혁신리더십
– 비전 달성을 위한 전문역량과 리더십을 겸비한 리더

농협은행

– 최고의 금융전문가
– 변화를 선도하는 사람
– 소통하고 협력하는 사람
– 고객을 먼저 생각하는 사람
– 사회적 책임을 실천하는 사람

수출입은행

- 고객 가치 창출에 기여하는 수은인
- 최고의 전문가를 추구하는 수은인
- 국민과 고객으로부터 신뢰받는 수은인
- 리더십과 팀워크를 중시하는 수은인

스탠다드차타드은행

- 개척정신
- 신속·적극
- 국제적
- 창의
- 신뢰

공통점

- 창의성
- 고객우선주의
- 개방적 마인드
- 미래지향적 사고
- 리더십과 자기계발

- 스펙 관리 및 자격증(금융 3종 자격증) 취득

금융 3종 자격증은 펀드투자상담사, 증권투자상담사, 파생상품투자상담사를 말한다. 은행 3종 자격증은 증권투자상담사, 파생상품투자상담사, 은행FP를 말한다. 보통은 금융 3종을 따서 은행권을 준비하는 은행 취업준비생이 많다.

난이도는 펀드투자상담사, 증권투자상담사, 파생상품투자상담사 순이다. 상대적으로 난이도가 낮은 순서대로 시험을 준비하는 쪽이 좋다. 100점 만점에 60점만 넘으면 합격이기 때문이다.

03

어느 은행으로
취업할 것인가?

한국은행, 수출입은행 등 특수목적 은행이 아닌, 일반 은행은 취업 준비자 개인의 성향과 회사의 성향(비전, 인재상)을 따라 결정하는 것이 바람직하다. 예컨대 MB정부 시절 산업은행의 업무 중 기업금융 파트는 정책금융공사를 설립해 이관하고 산업은행 민영화를 위해 조직을 개편하고, 직원을 채용하고, 지점을 신설하는 일에 많은 투자를 했다. 그러나 박근혜 정부는 금융시장 불확실성의 확대로 정책금융공사와 산업은행이 다시 합병하고, 산업은행을 민영화하지 않는 방향으로 정책을 전환했다. 따라서 산업은행의 직원과 조직의 구조조정이 불가피한 실정이다. 아울러 같은 금융그룹에 속하는 하나은행과 외환은행도 영업 점주여건이 겹치는 지점을 통·폐합하고 있다.

따라서 먼저 자신에게 질문을 해야 한다.

첫째, 나는 누구인가?

– 자신의 정체성을 깨닫게 해주는 질문

둘째, 내가 가야할 곳은 어디인가(vision)?

– 미래의 목표를 분명하게 해주는 질문

셋째, 그곳을 가고 싶은 이유는 무엇인가(목적)?

– 목표를 넘어 목적을 향하게 해주는 질문

넷째, 그곳으로 가는 과정에 방해되는 것들은 무엇인가?

– 넘어야 할 장애물을 알게 해주는 질문

다섯째, 그곳으로 가는 과정까지 지불해야 할 대가는 무엇인가?

– 어떤 방법으로 그 목적한 바를 이룰 수 있는가 하는 질문

여섯째, 나는 지금 몇 살인가?

– 직장과 사회에서 팀워크를 이룰 수 있는 나이는 몇 살인가 하는
질문

먼저 자신을 알고 은행의 인재상에 맞게, '자기소개서'를 작성하자.
이후 면접을 통해 은행이 필요로 하는 인재와 자신의 장점을 잘 부각
시켜 면접관에게 나타내야, 비로소 합격할 수 있다.

04

기본 준비사항

학부 시절

· 철저한 윤리정신

· 기본 학점은 3.5(B+) 이상

· 투철한 고객서비스마인드

· 책임의식과 성실성

· 나의 관심 분야에 대해 어필

· 지원동기 및 업무 분야 파악

· 금융자격증 준비(절대적 조건은 아님)

· 너무 늦지 않는 나이에 사회로 진출할 것(상사가 자신보다 어리거나 학교 후배인 경우 팀워크 등에 제약이 있을 수 있다)

· 목표가 있어야 한다.

– 모든 일은 목표로부터 시작된다.

· 누구에게나 자신의 길이 있다.

– 간절히 원하면 목표가 이루어신다.

· 항상 질문하자.

– 때로는 다른 측면에서 생각한다.

– 항상 배우는 열정으로 변화를 추구한다.

– 호기심은 창의력의 출발점이 된다.

– 시행착오를 겁내지 말고 수용한다.

– 진실, 신뢰, 솔선수범은 모든 일에 통한다.

· 자신감이 있어야 한다.

– 성공은 작은 데서부터 시작된다.

– 확신하면 성공한다. 생활 속에 습관화한다.

– 성공하는 사람은 생활 속에 1%가 다르다.

· 영어는 세계 공통어다.

– 영어는 국어처럼 할 수 있어야 하고, 적당한 수준의 중국어(여
 타 외국어)도 공부한다.

· 스토리텔링

– 직장, 일, 생활, 및 사회가 재미있어야 한다.

PART 02

목적이 있는
직업을 선택하라

01

목적 있는
직업

3년 전(당시 4학년 1학기) 모 금융기관의 임원인 아버지의 강력한 권유와 아버지의 지난 모습을 보고 금융권에 취업하기로 결심한 P양(전공과 부전공 모두 상경계 아님)을 처음 만났다. 재수하고 대학에 입학했지만 학과가 적성이 맞지 않아 2학년을 마칠 때까지 방황했단다. 6개월 어학연수를 다녀온 것을 제외하고는 봉사활동 경력도 없고 성적도 만족할 수준은 아니었다.

금융기관 취업에 미진한 점을 보완하는 약 1년간의 코칭을 거쳐 희망대로 금융기관에 취업했다. 아버지는 딸이 B은행에서 IB(투자업무) 업무 담당을 원했지만, P양은 은행의 기본업무인 예금과 대출업무를 맡았다. 그리고 그 과정에서 업무에 대한 흥미를 발견하지 못하고 결국 퇴사하고 말았다.

P양은 최근 공기업 취업을 위해 다시 코치를 찾았다. 그러나 코칭을

다시 시작하면서 발견한 사실은 P양의 적성이 공기업에도 안 맞는다
는 것이었다. 정확히는 딱히 직무에 맞을 적성을 갖고 있지 못했다. P
양의 나이는 현재 만 28세다.

02

취업준비생의 무작정 은행 방문 이야기

은행 취업준비생의 은행 방문기를 그대로 옮겼다.

스탠다드차타드은행

취업준비생 여러분! 봄도 절정을 향해 가고 있습니다. 이제 졸업을 준비해야 하는 입장에서 졸업앨범 촬영 등 대학생활을 서서히 정리하는 시간이기도 하죠. 혹시나 방문기를 기다리신 분이 있을까요? 매주 한 곳씩 은행 지점을 방문하기로 했는데, 지난주 특별히 해야할 일이 생겨서 방문하지 못했답니다. 그래서 이번에는 알짜 은행이지만 취업준비생들이 정보를 얻기 쉽지 않은 은행을 방문했습니다. 바로 SC(스탠다드차타드)은행입니다.

'SC은행'은 이전에는 'SC제일은행'이란 이름으로 더 친숙한 곳이죠? 이제 '제일'이란 이름을 빼고 SC은행으로 바뀌었답니다. SC

은행은 한국SC금융지주의 계열사로 여러모로 타 은행과 차이점이 많죠. 영국계 은행인 SC은행의 한국자회사이면서 비상장 은행이라는 측면부터 SC은행의 세계적인 영업망으로 인해 외국인 고객이 유달리 많다는 면까지 특별한 점이 많답니다. 반면, 지점 수가 타 은행보다 적어서 실제로 방문하기가 어려운 곳이기도 하죠.

스탠다드차타드은행 중부대로 지점 방문기

이번에 방문한 곳은 SC은행 수원중부대로지점인데요. 아주대학교 근처에 있어 유동인구가 많은 곳에 위치하고 있답니다. 사실 개인적으로 SC은행과의 거래를 한 적은 없었습니다. 주요 시중은행 지점이 주변에 위치하고 있었기 때문에 굳이 SC은행에 갈 필요성을 느끼지 못했는지도 모르겠습니다. 그러나 이번 방문에서 새로 SC은행의 통장도 개설하고 향후 취업을 한다면 꼭 거래하고 싶은 은행이 될 것 같습니다. 추천해주고 싶은 것들이 많더군요.

제가 방문한 지점에는 크게 수신·대출·방카슈랑스(Bancassurance)·VIP업무를 하고 있었는데요. 금요일 점심시간 즈음이었는데도 불구하고 친절한 행원님(박선례 과장님, 강혜영 행원님)들 덕분에 많은 정보를 얻을 수 있었답니다.

먼저 SC은행이 특이한 점은 영업시간인데요. 타 은행이 오전 9시에서 오후 4시까지 영업하는 것과는 달리 이곳은 오전 9시 30

분에서 오후 4시 30분까지 영업한다고 합니다. 사실 이른 아침에 은행에 방문하는 고객의 수보다 오후 4시 이후에 은행에 방문하고자 하는 고객의 수가 더 많습니다. 이러한 점에서 '고객 중심 은행'의 시작이 바로 영업시간에서 시작되는 것 같았어요. 그렇다고 타 은행에 비해 퇴근시간이 늦는 것도 아닙니다. 대략 오후 7~8시 정도면 퇴근한다고 하니, 오히려 몇몇 시중은행보다 퇴근시간이 이른 편에 속하죠.

고객의 성향에 대해서는 SC은행은 타 은행과 달리 장기고객이 많은 편이라고 합니다. 전신인 '제일은행'이 오랜 역사를 가진 탓에 SC은행의 고객들의 충성심이 높다고 하시더군요. 여전히 '제일은행'과 거래하던 고객들이 SC은행과도 거래한다고 합니다. 높은 고객 충성심은 그냥 따라오지 않겠죠? 역시나 지속적인 대고객 서비스에 기인한 것이 아닐까 합니다. 특히나 PB 분야에서 선도적인 역할을 하고 있다고 합니다.

혹시 '유리 천장(Glass Ceiling)'이라는 단어를 아시는지요? 기업에서 여성들의 진출을 가로막는 일종의 보이지 않는 장벽을 뜻하죠. 사실 많은 여성 직장인들이 보이지 않는 차별 때문에 힘들어 합니다. 그러나 SC은행은 다르다고 합니다.

외국계 은행이라 그럴까요? 질문에 응해주신 행원분들은 모두 여성분이셨는데, 여학생들에게 특히나 SC은행 취업을 추천해주셨습니다. 능력 위주 은행이기 때문에 능력만 있다면 여성 행원도 얼마든지 자신의 꿈을 펼칠 수 있는 곳이 바로 SC은행이라고 하셨습니다. 실제 일선에서 일하고 계신 분들의 이야기를 들으니 행원을 꿈꾸고 있는 여학생들에게 추천하고 싶어지더군요.

은행 지점에 방문했으니 은행의 주력 상품에 대한 지식도 얻어가야겠죠? 버스를 타고 다니면서 버스 내 광고에서 SC은행의 '내지갑통장', 'Breeze'를 본 적이 있습니다. 저도 상품들에 대한 설명을 들었는데요. 많은 고객들이 은행 거래를 하면서 가장 신경 쓰이는 부분이 출금 수수료라고 생각하는데, '내지갑통장'은 이 출금 수수료가 없다고 합니다. 타행의 ATM기를 이용해도 말이죠. 이것은 지점이 적은 SC은행의 특징과도 연관 지을 수 있습니다. 지점이 적기 때문에 고객들의 불편이 클 수밖에 없고, 이를 해결할 방안 중 하나로 무(無)수수료 통장을 만들게 되었다고 합니다. 사실 저 같은 소액고객으로써는 수수료도 무시할 수 없기 때문에 앞으로 적잖이 이용하게 될 것 같습니다. 'Breeze'는 일종의 스마트폰 전용 통장이라고 볼 수 있는데요. 물론 타 은행에서도 이러한 상품이 있지만 종이 통장과 똑같이 열람할 수 있고 넘겨볼 수 있는 것이 특징이라고 하죠.

은행 IT 쪽에 관심 있는 분들도 있을 테지요? 지난번 은행 영업망 중단 사태에서 보듯이 은행 IT파트 쪽의 중요성을 이루 말할 수 없는데요. SC은행은 중단 사태에서도 장애가 발생하지 않았답니다. 타 은행보다 엄격한 온라인 인증 절차를 거치고 있기 때문이라고 하시더군요. 다만, 인증 절차가 복잡한 관계로 고객이 이용 시 불편함을 느끼는 점에 대해서는 보완해야 할 부분이라고 하셨습니다.

일선 영업점의 행원분들이 본 SC은행 행원이 가져야 할 능력으로는 역시 영업력을 지적하셨습니다. 기본적으로 영업력 위에 자신만의 특별한 부분을 가져야 한다고 합니다. 특히나 타 은행에 비해 능력을 100% 활용할 수 있도록 환경이 조성되어 있기 때문에 행원들 간 경쟁이 치열하긴 해도 성장잠재력은 충분하다고 합니다. 또 외국어(특히 영어)가 중요하다고 덧붙이셨답니다. 아무래도 영국계 은행이기 때문에 내부 서류가 종종 영어로 되어 있다고 합니다.

마지막으로 '사회적 기여' 부분에 대하여 질문했는데요. 최근에는 시각장애인들을 위한 '책 읽어주는 도서관(착한 도서관 프로젝트)' 사업을 시행하고 있다고 합니다. 보신 분들도 있겠지만 박유천 씨가 나온 광고도 있죠. 행원분들과 일반인들이 참여해서 시행하고 있는 사업이고, 향후 해외 쪽과도 연계할 가능성이 있다고 하시더군요.

사실상 SC은행에 대한 정보가 타 은행에 비해 적은 것이 사실입니다. 그러나 이번에 SC은행 지점을 방문하면서 SC은행에 대한 새로운 사실을 알게 된 것 같습니다. 특히나 세계적인 은행은 '고객 중심 은행'에서 출발한다는 지극히 기본적인 사실을 알았다는 것이 가장 큰 수확이 아닐까 해요. 혹시 SC은행에 관심이 있습니까? 망설이지 마세요. 지금 바로 가까운 영업점에 방문해보는 것은 어떨까요?

03

스킬 업(Skill up) 취업캠프를 말한다

취업캠프를 다녀온 학생의 느낀 점이다.

후배들에게 하는 조언

많은 학생들이 현 시대의 흐름을 읽지 못하고 있다. 그만큼 정보도 느리고 현실에 안주하려는 성향 역시 강한 것 같다. 물론 나도 그랬다. 취업에 대해 절실하게 생각하지 않은 채 4학년이 되고 보니 막막했다. 취업캠프는 그런 스스로를 다시 돌아보게 하는 시발점이 되었다.

요즘 기업의 취업 흐름은 어떠한지, 현대 사회에서 조직원들은 어떤 생각을 가지고 살아가는지, 어떻게 해야 취업을 할 수 있는지 등 많은 정보를 얻었다. 이런 점들은 향후 구체적인 취업계획을 세우는 데 큰 도움이 되었다. 3학년 때 취업캠프를 갔더라면 얼마나 좋았을까 하는 아쉬움도 들었다. 가능하면 모든 학생들이 취업캠프를 가서 자신의 꿈을 위해 무엇을 준비해야 할 것인가를 한 번쯤은 상담 받았으면 좋겠다.

참여 과정

기업체에 지원하고 떨어진 뒤 취업캠프를 알게 되었다. 무엇을 배울지, 또 커리큘럼은 어떤지 제대로 알지 못하고 얼떨결에 참가했다.

첫날 수업은 기업이 원하는 인재, 인사예절, 면접관들의 성향에 대한 것이었다. 면접을 본 적이 있어서 공부했던 내용들을 다시 한 번 듣게 되었다. 사전지식이 있었다면 시간적 여유를 가지고 더 많은 준비를 할 수 있지 않았나는 생각이 들었다.

강의 시 사람들에게 흥미를 유발하고 함께 수업을 해 나간다는 취지는 좋았다. 그러나 무리하게 타임테이블을 짜서 많이 지치고 힘들기도 했다. 그러나 하나라도 더 배우겠다는 심정을 가지고 참여했다. 또 자기소개서 첨삭 시간이 있었다. 첫 강의를 들었을 때도 놀랐지만 자기소개서를 첨삭하면서 느낀 것은 나도 준비가 안 되었지만, 취업캠프에 참여한 학생들은 도대체 무슨 준비를 해왔나 하는 생각이 들었다.

자기소개서를 한 번도 안 쓴 사람이 있는가 하면 참여의식 자체가 매우 저조한 사람들이 있었다. 이런 학생들이 한 그룹에 섞여 있는 것보다는 참여자그룹을 좀 더 세밀하게 나눌 필요가 있을 것 같다. 그렇게 해야 만족도 역시 높아지지 않을까 한다. 또 학교에서 취업에 대한 심각성과 타 대학 학생들이 어떻게 하고 있는지에 대해 학생들에게 교육이 필요하지 않을까 생각했다.

둘째 날은 비디오면접, 1:1면접, 토론면접을 했다. 실전면접처럼 카메라로 녹화해 나의 문제점은 무엇인가를 파악하는 시간이었다. 덕분에 그동안 내가 신경쓰지 못했던 부분을 많이 찾을 수 있었다. 면접이 끝난 후 선생님께서는 사람마다 어울리는 머리와 차림에 대해서 말씀해주셨다. 대학생활 중 듣지 못한 수업이어서 그런지 비디오면접은 굉장히 유익했다.
다음으로 토론면접을 했다. 토론면접은 과거 기업체 면접을 경험해서인지 문제의 방향을 어떻게 풀어가야 되는지 대충은 알고 있었다. FTA에 대해 토론을 했는데 막상 토론을 기업과 연관시켜 말하려 하니 토론하기가 쉽지 않았다. 토론 후 선생님께서는 잘한 부분과 잘못한 부분을 설명해주셨다. 마지막으로 인성면접을 봤다. 하지만 면접관이 내가 원하는 기업체에 대해 모르고 있어 실망했다.

일정을 마친 후에 면접 왕에 뽑는 시간이 되었다. 생각지도 못했는데 1등에 뽑혀 당황스럽기도 하고 기쁘기도 했다. 경험을 토대로 자신감을 가지고 준비한 것이 좋은 결과를 얻은 것 같다.

 학생들이 접해보지 못한 지원회사의 실전면접 형식을 진행했으면 하는 아쉬움이 든다. 인성검사, 압박면접 등이 있었으면 했다. 짧은 기간이었지만 소중한 기억과 좋은 정보를 얻을 수 있었다. 식사나 간식 모두 만족스러웠다. 취업캠프 경험이 있는 친구는 내용이 비슷하다고 했다. 더 좋은 구성으로 취업캠프가 계속 유지되길 바란다.

PART 03

은행직무 1

*은행직무 2는 부록에 수록되어 있다.

01
개인금융
(CRM)

대학에서 상경계를 전공하고 전공을 살려 은행에 지원한 학생이라도 정작 은행이 무슨 일을 하는지 정확히 모르는 사람이 많다. 어렵게 합격하고도 업무가 적성에 맞지 않아 퇴사하는 사람도 있다. 신입행원이 은행에 입행해 담당하게 될 직무를 알아본다.

1997년 외환위기 이후 은행 지점 조직은 개인금융(CRM, Customer Relationship Management), 기업금융(AM, Account Management), PB(Private Bank)로 개편되었다.

먼저 소매금융이라고도 하는 개인금융을 알아보자.

예금(deposits)은 불특정 다수의 고객으로부터 자금을 예탁 받아 집합된 자금을 필요로 하는 차입자에게 대출해줌으로써 발생하는 대출이자 수입 중 예금자에 대한 지급이자를 차감한 후, 그 차액을 수익으로 은행이 운용하는 원천적 예탁금을 의미한다.

예금은 예치기간을 기준으로 요구불예금(demand deposits)과 저축성예금(savings deposits)으로 나누어진다. 2001년 1월부터 예금보험공사가 1인당 예금원금과 이자를 합쳐 5,000만 원까지 보호하고 있다.

대출(loan)은 은행이 자금을 필요로 하는 차입자에게 약정기한인 만기(maturity)에 원리금(principal and interest) 상환을 확정하고 필요자금을 차입자에게 일정조건으로 빌려(대부)주는 것을 말한다.

환(換)은 현금수수 없이 지불위탁 또는 채권양도에 의하여 원격지자(遠隔地者) 간에 발생한 채권·채무를 결제하는 방법을 말한다. 이러한 환의 원리를 국내에 적용한 경우가 내국환(domestic exchange)이고, 국제 간에 적용한 경우가 외환(foreign exchange)이다.

환거래 상품은 송금(remittance)과 추심(collection)으로 나누어진다. 그리고 환전(換錢)은 서로 종류가 다른 화폐와 화폐, 또는 화폐와 지금(地金)을 교환하는 일을 의미한다. 그리고 외국 관광객을 상대로 외화를 원화로 바꾸어주는 업무도 환전에 속한다.

신탁(trust)은 개인 또는 단체 위탁자(truster)가 금전의 관리 또는 처분을 신탁금융기관(수탁자, trustee)에게 일정기간 동안 위탁해 운용하게 하고, 여기서 발생하는 운용 수익은 수익자(beneficiary, 위탁자 본인 또는 그가 지정하는 제3자)에게 귀속시키는 것이다.

신용카드(credit card)는 카드회원의 신청에 따라 은행 또는 신용카드사(card issuer)가 카드회원과 계약을 체결하고, 카드회원에게 카드를 발행하며 카드회원은 이 카드를 이용해 가맹점(merchant)에서 현금 없이 계속적·반복적으로 물품을 구입 또는 용역(서비스)을 제공받을 수도 있음을 증명하는 증표를 말한다.

방카슈랑스(Bancassurance)는 프랑스어 은행(Banque)과 보험(assurance)의 합성어다. 은행과 보험회사가 서로 연결하여 일반 개인에게 광역의 금융 서비스를 제공하는 시스템 또는 보험회사가 은행 지점을 보험 상품의 판매 대리점으로 이용해 은행원이 직접 보험 상품을 파는 영업 형태를 말한다. 개인의 저축 성향이 노후를 대비하는 쪽으로 바뀌었다. 금융기관의 대고객 유대관계가 갈수록 다변화되는 추세에 따라 광범위한 서비스를 제공해야 할 필요성이 대두됨에 따라 등장했다.

펀드(fund)는 불특정 다수인으로부터 모금한 실적 배당형 성격의 투자기금이다. 주식이나 채권 파생 상품 등 유가증권에 투자하기 위해 조성되는 일정금액 규모의 자금 운용단위를 말한다. 그 외 업무로는 출납업무와 공과금 수납 등이 있다.

02

프라이빗뱅킹
(PB)

PB(Private Banking)는 VIP 고객의 다양한 금융 수요를 충족시키는 맞춤형 서비스를 의미한다. 즉, 부자 고객들을 대상으로 은행이 제공하는 기본적인 자산관리와 세무, 법률, 부동산, 리츠, 증권 등에 대한 종합적인 자산관리에 도움을 주는 것을 뜻한다.

PB업무를 담당하는 직원을 프라이빗 뱅커(금융 포트폴리오 전문가)라고 한다. 개인금융(CRM) 고객 가운데 VIP 고객을 대상으로 전문적인 지식 및 기법을 활용해 영업 활성화와 수익 창출 극대화를 목적으로 한다. 이들은 쾌적한 별도의 공간(VIP룸)에서 영업을 책임지고 수행한다. 프라이빗 뱅커는 근무경력, 품성, 용모, 태도, 도덕성, 전문지식, 상담능력, 조직충성도, 발전 가능성 등을 종합적으로 평가해 선발한다. 급여나 승진에서 특별히 우대하고 있다.

이들은 업무처리능력에서는 수신, 여신, 외국환, 국제금융, 자금운용 등 분야별 전문요원자격을 보유한 전문요원 중에서 선발한다. 국제재무설계사(CFP), 개인재무설계사(AFPK), 금융자산관리사(FP), 파생상품투자상담사, 증권투자상담사, 외환관리사, 공인중개사 자격증이 있는 직원이 우대받는다.

프라이빗 뱅커의 업무는 다음과 같다. VIP 고객들에 대한 지속적인 고품질 서비스 제공으로 기존고객 관리 심화, 고객들과의 유대성 강화를 위한 거래관계 유지, 고객 앞 서류 징구(여신서류 징구 포함) 및 실명 확인, 고객마케팅 기획 및 실행으로 신규고객 창출, 우대금리나 환율우대 등 대(對)본부 거래 승인, 개인고객 금융시장의 새로운 흐름이나 동향에 대한 정보 취득, VIP 고객에 대한 마케팅 전략의 개발 및 수행, 신상품 또는 새로운 서비스의 개발 및 제안, VIP 고객에게 출금, 외환송금, 환전, 계좌 개설 등의 처리업무, 종합자산관리서비스 관련 업무 및 인맥 관리와 부(富) 관리까지 영역을 확장해 나가고 있다.

물론 프라이빗 뱅커가 전담하는 VIP 고객의 기준은 은행별로 차이가 있다. 외환은행은 개인고객(세대합산 기준)으로 예금이 1억 원 이상, 법인고객 중 수신 위주 또는 개인고객 관련 법인 고객, 수신 규모 및 고객 분포에 따라 1억 원 이하의 고객 중 거래 확대 가능성이 있는 고객, 외환, 여신고객 중 종합관리가 필요한 고객이나 기타 거래 확대 가능성이 있는 고객 등이다. 업무 규모가 큰 지점은 WM(Wealth Management) Center를 별도의 부문으로 운영하고 있다.

신한은행은 자산 3억 원 이상의 PB 고객을 대상으로 한 '신한PWM (Privilege Wealth Management)센터'를 운영하고 있다. PB 서비스를 받을 수 있는 고객은 5억 원 이상의 자산을 보유해야 한다. 일반 영업점 VIP는 보통 예치자산 1억 원 이상인 고객이다. 시티은행은 은행 예치자산 2,000만 원 이상 고객을 PB 고객으로 분류하여 PB 영업의 문호를 낮췄다. 기존 시티은행의 PB 기준은 은행 예치자산 1억 원(Citi Gold) 및 10억 원(Citi Private)이었다.

농협은 예금 5,000만 원 이상 고객을 PB 고객으로 분류하고 있다. KB국민은행은 30억 원 이상의 초우량고객을 대상으로 종합 금융서비스를 제공한다. PB 고객 분류 기준은 5억 원 이상이다. 초우량고객은 '골드앤와이즈(Gold and Wise)'로 PB 서비스를 받아왔다. 이와 별도로 예탁금 30억 원 이상 고객을 대상으로 대형 '스타PB센터(Star PB Center)'를 운영하고 있다.

하나은행은 자산 1억 원 이상의 고객을 대상으로 VIP클럽, 5억 원 이상 고객을 대상으로 골드(Gold)클럽을 운영하고 있다. 여기에 10억 원 이상의 자산을 가진 고객을 위해 별도로 'WM센터(WM Center)'를 운영하고 있다.

PB 서비스는 고액 자산가들에게 인기가 있다. 프라이빗 뱅커의 핵심 경쟁력은 부자 고객들을 상대하면서 얻은 노하우와 경험, 풍부한 네트워크다. 프라이빗 뱅커는 CRM 부서의 꽃이고, 고객에게는 개인 금융주치의(金融主治醫)에 해당하는 역할을 하는 것이다.

03
기업금융

국내 은행들은 1997년 12월 터진 외화유동성 위기(IMF 위기)를 극복하는 과정에서 조직을 사업본부제로 재편했다. 또 영업점을 소매금융 부문(CRM, Customer Relationship Management)과 기업금융 부문(AM, Account Management)으로 개편했다.

기업금융(Corporate Finance)은 사업자등록이 있는 기업을 대상으로 지원하는 금융을 말한다. 기업금융 절차는 기업대출고객에 대한 대출을 위해서는 신용평가, 대출상담, 심사 및 대출실행 등으로 구분된다. AM 부문은 기업고객에 대해 대출 외에 수신, 외환 및 수출금융(신용장 관련 업무)을 담당한다. AM업무를 담당하기 위해 회계, 재무, 경영 및 경제에 관한 전반적인 지식이 있어야 한다.

이러한 지식을 습득하기 위한 좋은 방법은 국가공인 1호 경제이해력검증시험인 한국경제신문의 테샛(TESAT)을 준비하는 것이다. 시험을 준비하는 과정에서 실력을 쌓을 수 있기 때문이다. 은행은 신입

직원을 채용할 때 공인회계사(CPA)와 미국공인회계사(AICPA)에게 일정한 가산점을 주어 자격증이 있는 사람을 우대한다. 이 자격증이 있어야 수행할 수 있는 업무가 많기 때문이다.

기업금융 부문의 주요 업무 가운데 하나는 신용조사와 평가다. 업무 절차는 이렇다. 특정 기업의 재무제표 정보를 은행의 신용평가 시스템에 입력하면 해당 기업의 신용등급이 나온다. 이 등급 결과가 대출 기준을 충족하면 해당 기업의 본사와 공장을 방문하여 기업 현황을 파악하게 된다. 그런 뒤에 경영자의 능력, 품평, 노사관계 등 재무제표 이외의 비(非)계수항목을 평가한다. 계수항목과 비계수항목 평가점수를 합산하여 일정수준 이상이 되어야 대출 취급이 가능해진다. 대출 취급 금액이 큰 사업대출(Project Finance), 해외건설금융, 차관이나 10대 기업 등 대(大)기업여신(대출과 지급보증)은 대기업사업본부와 같은 별도의 전담기구가 전담하고 있다.

둘째로는 대출상담, 심사 및 실행업무다. 일반적으로 기업대출은 금액이 크므로 평가에 상당한 실력이 요구된다. 상담, 심사, 실행을 대리급 이상 책임자가 맡는 경우가 대부분이다. 기업금융 담당자는 반드시 경영·경제 전공자일 필요는 없다. 하지만 대개 전문심사역이나 신용분석사 과정 연수를 이수한 직원이 맡고 있다.

대출심사는 대출 가능성, 대출금액, 이자율, 상환 가능성 등을 파악한다. 판단 기준은 회사의 신용등급이다. 대출금액, 이자율, 상환조건

등이 지점장 전결 범위를 벗어나면 본점 심사역의 심사와 최종전결권자의 승인을 받게 된다. 대출실행은 은행규정에서 정한 서류의 징구, 고객계좌에 입금하는 것을 말한다.

셋째로는 신용보증업무가 있다. 신용평가 시스템에 의한 평가 결과가 일정수준에 미달하지만 사업성이 있다고 판단되는 기업에 대해서는 신용보증기금이 발급한 신용보증서를 담보로 취득하고 대출을 진행하게 된다.

넷째는 수신과 외환이다. 기업자금의 예금, 기업의 직원급여 입출금, 기업의 퇴직연금 판매, 펀드 판매 유치 등이 주업무이다. 기업의 외국환을 매입하거나 환전하는 업무도 담당한다.

다섯째는 수출과 수입업무다. 먼저 수출을 하는 경우 수입상의 거래은행이 발급하고 지급을 보증한 신용장(Letter of Credit)을 근거로 수출금융을 지원하고, 선적서류 매입(Negotiation)을 통해 수출금융을 회수한다. 수입하는 경우는 수입하는 회사의 수입대금 지급을 보증하는 보증서 즉 수입신용장을 발급해주고, 상대 은행이 이를 근거로 선적서류를 매입하면 일정조건으로 수입 금융을 지원한다.

이와 같이 수출신용장을 근거로 수출 금융을 지원하고, 동시에 수입신용장을 발급한 경우는 수입 금융을 지원하여 원활한 수출과 수입업무가 이루어지도록 금융을 지원한다. 수출과 수입 업무를 효율적으로 수행하기 위해 국제금융에 대한 이해와 지식이 필요하다. 일정수준 이상의 영어(회화 포함) 실력도 요구된다.

04
HR

취업 코칭을 하다 보면 스스로 HR(Human Resources) 분야에 적성이 맞는 것 같다고 생각하는 하는 대학생들을 종종 만나게 된다. 이들이 그렇다고 믿는 근거에는 공통점이 있다. 학부나 대학원에서 HR에 관해 공부했으므로 이 업무에 적성이 있다고 믿는 오류에 빠져 있다는 점이다.

학문적으로 HR업무를 배운 것과 실제로 HR업무를 담당하는 것은 엄연히 다르다. 왜냐하면 HR업무를 담당하기 위해서는 아주 특별한 직무조건(職務條件)이 요구되기 때문이다. HR업무는 그 대상이 사람이다. 자신이 다니는 은행이나 회사의 동료들이 대상인 셈이다. 때문에 객관적으로 사람을 보고 평가하는 자질이 필수적이다. 출신학교, 출신지역, 남녀노소, 그리고 외모 등에 관해 냉정하고 객관적으로 평가할 수 있어야 하고, 평소에 그렇게 대해야 한다.

둘째는 입이 무거워야 한다. HR업무를 담당하는 과정에서 직원에 대한 많은 정보를 접하게 된다. 근로기준법 등에 정하는 바에 따라 매년 1회 실시하는 직원 정기 신체검사가 대표적이다. 신체검사 결과만 해도 개인신상에 대한 적잖은 정보다. 인사팀에는 기명 또는 익명으로 회사 직원에 대한 다양한 정보가 접수된다. 사실도 있고, 그렇지 않은 경우도 많겠지만 직원 신상에 대한 이런저런 정보가 몰리는 업무가 HR 파트이다. 매년 2회 안팎으로 실시하는 인사고과에서 상사가 평소 업무를 하면서 느낀 업무지식, 실적, 대고객관계에서의 장단점과 문제점, 이성관계, 청렴도 등 거의 모든 신상 정보가 인사고과표에 기재되고 이는 HR 부서로 보고된다.

셋째는 건강이다. 수많은 직원을 상담 또는 면담해야 하는 업무이다 보니 인사담당자가 건강하지 않으면 이 업무를 수행할 수 없게 된다. 일상에서 시간약속을 잘 지키는 것도 HR 담당자가 가져야 할 기본의 하나다.

이런 특성 때문에 HR 부서의 직원은 대개 추천을 통해 선발하는 경우가 흔하다. 철저한 검증을 거쳐 선발하기 때문에 본인이 근무하고 싶다고 해서 갈 수 없는 부서라는 얘기다. 간혹 신입직원을 HR 부서에 배치하기 위해 채용하는 경우도 있다. 하지만 현실적으로 적성에 맞는 직원을 곧바로 채용하기가 쉽지 않다는 것이 오랜 경험을 통해 얻은 교훈이기도 하다.

HR 부서에서 일하고 싶은 사람은 영업점 같은 최일선 조직의 근무

환경을 이해하고 또 직원을 이해하는 것이 필요하다. HR이 적성에 맞는 직원은 공식계통(인사고과)이나 비공식계통(구두추천 등)을 통해 HR 부서에서 파악하고 있는 경우가 많다. 그 결과를 근거로 대개 HR 부서에 근무할 기회가 주어지게 된다.

대학교를 찾아다니며 은행이나 기업의 채용정보를 제공하는 HR팀은 은행의 홍보업무를 담당하는 경우가 대부분이다. 그 홍보팀이 직접 직원을 채용하지는 않는다. HR운용팀 직원이나 팀장은 일상의 업무를 떠나 각 대학을 순방하며 홍보업무를 하기란 현실적으로 불가능하기 때문이다.

구체적으로 HR업무는 세 부분으로 구분되어 있다. HR운용팀, HR개발팀, HR지원팀이 그것이다. HRM운용팀(HRM, Human Resources Management)은 직원의 임면(채용과 파면), 이동·파견·승진, 그룹별·본부별 인력운영 지원, 직원 복무기강 및 상벌, 인사위원회 지원, 현지직원 인사운용 및 관리업무 등을 담당한다.

HR개발팀(HRD, Human Resources Development)은 전사적인 연수계획 수립 및 조정, 사업그룹·본부의 연수계획 및 실시에 대한 합의, 연수대상자 선정과 직원 연수실시 및 평가, 직원의 자기계발 지원, 연수 관련 훈련 위탁 및 용역계약, 각종 교재 발간, 행외 인사에 대한 수탁연수, 연수 및 체육시설 관리 등을 맡는다.

HR지원팀은 영업점 연수업무를 지원한다. 영업점 직원의 연수 지원업무, 영업점의 연수지원 계획 수립, 영업점에 대한 인력지원활동, 대고객 서비스 및 마케팅 스킬 전파 등을 담당한다.

이런 까닭에 HR 코칭은 HRM업무 경험이 있는 사람에게 받는 게 효과적이다. 보통의 경우 HR팀장 명함을 들고 다니더라도 HR지원팀, 취업박람회장의 HR홍보팀, 또는 HRD팀 직원인 경우가 많다. 이런 업무를 하는 직원의 조언은 참고할 수준의 정보로 여기는 것이 좋다. 이런 직무를 담당하는 직원이 실제 면접요원이 되는 경우가 거의 없다.

미리 보는
합격 전략

01

왜 서류전형에서
불합격 될까?

　은행, 회사, 공기업 등 대다수 기업은 요즘 입사지원서를 인터넷으로 받는다. 그렇다보니 100명 모집에 2만 명 이상이 지원하는 곳이 많다. 하지만 서류전형 합격자는 대개 채용인원의 10배수인 1,000명 안팎에서 정해진다. 서류전형 합격자를 대상으로 적성검사, 1차면접, 2차면접(필요한 경우 최종면접), 건강검진을 거쳐 최종합격자를 선정하게 된다.

　통상적인 기업의 채용 절차를 살펴보면 서류전형 경쟁률이 매우 높다는 점을 알 수 있다. 한 취업준비생으로부터 20곳을 지원했지만 서류전형에 불합격했다는 말을 들었다. 심지어 100곳을 지원했지만 서류전형에서 번번이 불합격했다는 기사도 읽었다. 이는 불합격이라기보다 정확히는 입사서류를 제출했지만 아무런 소식을 받지 못한 경우다. 서류전형은 합격자에게만 문자로 통보하기 때문이다.

　서류전형과 관련해 듣는 질문 중 '그 많은 지원 서류를 인사담당자가 모두 직접 읽나요?'에 대한 것이 많다. 물론 대부분의 기업에서 지원자의 서류를 꼼꼼히 읽는다. 필요한 경우 채용대행기관이 서류 접수와 간단한 심사를 하더라도 인사담당자가 지원 서류를 직접 읽는다. 채용대행기관은 회사가 필요로 하는 인재의 옥석(玉石)을 구별하지 못하기 때문이다.

지원자들은 오랜 시간 준비한 지식과 경험을 기초로 자신의 땀과 노력을 담은 지원동기를 작성했을 것이다. 하지만 인사담당자는 지원동기 몇 자만을 읽고서 지원자가 진심으로 지원했는지 여부를 쉽게 판별한다. 아주 짧은 시간에 서류전형 합격 여부를 판단하는 것이다. 그래서 좀 더 많이 생각하고, 많이 써보고, 많이 고치고, 자신만의 개성 있는 지원동기를 쓴 입사지원자가 합격할 수밖에 없다.

많은 학생이 서류를 작성하기 위해 별도로 논술강의를 듣거나, 자기소개서 작성을 누군가로부터(혹은 전문가로부터) 첨삭지도를 받고 있다. 그러나 이런 학생은 기본으로 돌아가 자신이 직접 자신만의 지원동기를 써야 한다. 다른 사람의 도움을 받았다면 2만 명의 지원자 중에 자신과 같은 지원서를 제출한 다른 지원자가 있다는 것을 명심해야 한다.

02
필기시험이
진검승부

대졸 신입사원 공채를 위한 필기시험이 한창이다. 기업들은 서류전형 합격자를 대상으로 필기시험(논술시험)과 인성검사를 실시, 채용 예정인원의 4배수 정도를 면접 대상자로 선발하고 있다. 필기시험과 인성검사에서는 보통 세 가지 정도를 확인한다.

첫째, 직무수행능력을 평가한다. 해당 직무에 대한 전문지식이 없으면 주어진 업무를 수행할 수 없기 때문이다. 이때 전문지식은 대학에서의 전공과목을 의미하지는 않는다. 거의 모든 직무는 경제학, 경영학, IT, 법률 등의 지식을 요구한 어떤 직무는 어학실력이 필요하고, 특정 직무는 회계학, 수학, 통계학 등 수리적 지식을 요구하기도 한다. 이런 학문적 지식은 대학생활 전 과정을 통해 착실히 준비해야 할 것이다.

둘째, 유연한 생각과 긍정적이고 적극적인 자세를 가진 소유자인지를 가늠한다. 사회가 급격하게 변하고 있다. 동시에 고객 구성도 다양하므로 조직 구성원들이 열린 마음으로 고객의 역량과 가치를 극대화해야 하기 때문이다. 인문학, 역사, 철학적 사고를 요구하기 때문에 틈틈이 책을 많이 읽어야 한다. 스티브 잡스도 아이디어가 고갈될 때는 철학에서 많은 영감을 얻었다고 한다.

셋째, 지원하는 업무가 적성(aptitude)에 맞느냐를 평가한다. 대표적으로 MBTI 성격유형 검사를 많이 활용하고 있다. MBTI 성격유형은 성격을 16가지로 분류하여 지원자의 적성이 직무에 맞는지를 확인하는 수단으로 사용하고 있다.

MBTI는 지원자의 적성과 성격을 비교적 정확하게 판단하고 있지만 문제는 성격은 시간에 따라 변하기 때문에 세월이 지나 더 이상 자신의 직무가 적성에 맞지 않아 전직을 고민하는 경우가 많다는 것이다. 주어진 문제 상황에 대한 해결능력, 열정을 발휘해 성취할 노력, 지원직무와 동기에 대한 설득력 등이 직무와 맞아야 할 것이다.

어떤 업무든지 현실에 바탕을 두고 있으므로 일간지와 경제신문을 꾸준히 읽는 습관을 가져야 한다. 모르는 단어는 사전이나 인터넷 등에서 정확한 의미를 알도록 노력하는 것이 좋다. 필기시험과 인성검사는 업무를 처리할 수 있는 전문적인 지식, 글로벌 역량과 바른 인성을 갖춘 인재를 종합적으로 평가하는 데 그 목적이 있다.

시대적 키워드인 융합, 소셜네트워크서비스(SNS), 소통, 고객가치 극대화, 핵심 역량 등을 잘 정리해두면 필기시험 예상문제가 저절로

떠오를 것이다. 짧은 시간에 해결이 쉽지 않겠지만 그래도 꾸준히 노력해야 이 진검승부에서 승리할 수 있을 것이다.

03

면접의 승부는
1분 안에 결정된다

일상생활에서 물건을 살 때 제품에 대해 많이 알아보고 사는 것은 당연하다. 특히 요즘은 스마트폰, 인터넷, 소셜네트워크(SNS) 매체, 홈쇼핑 등을 통해 제품 정보를 얻는 것도 어렵지 않다. 중요한 것은 합리적인 소비자라면 '구매할 제품에 대한 이해' 없이는 제품을 사지 않는다는 점이다.

홈쇼핑 쇼호스트는 짧은 시간에 물건을 써본 느낌을 전달하며 분위기와 방송 흐름을 주도하고, 쇼게스트는 상품을 구체적으로 설명하며 '신뢰를 세일즈'한다. 그리고 제품에 대한 신뢰나 확신을 바탕으로 판매를 성사시키기 위해 '100% 환불'을 조건으로 내세우기도 한다. 시청자가 제품을 구입하도록 분위기를 한껏 유도하여 1분 안에 제품 판매를 성사시킨다.

면접도 마찬가지다. 취업이라는 시장에서 판매 상품인 '나'를 면접관들에게 파는 과정이 면접이다. 때문에 면접에 임하기 전에 자신에 대한 이해가 가장 중요하다. 나는 누구이고, 무엇을 잘하고, 무엇을 못하는지 파악하는 것이 기본 중 기본이다. 취업 시즌이 다가오면 6개월 정도 이력서와 자기소개서를 큰 소리로 매일 아침 7분 동안 읽는 것을 습관으로 하자. 똑같은 내용을 반복해서 읽는 것이 의미가 없을 것 같지만 읽는 횟수가 늘어날수록 자신에 대한 이해 정도가 달라짐을 체감할 수 있을 것이다. 하루 5분은 짧고, 10분은 너무 길 수 있다.

둘째, 나만의 차별성을 부각시켜야 한다. '저는 누구보다 열심히 할 수 있습니다', '최선을 다하겠습니다' 같은 표현은 되도록 사용하지 않는 게 좋다. 면접관이 가장 듣기 싫어하는 표현이기 때문이다. 비록 경쟁회사에 지원하는 경우라도 인턴기간 중 얻은 생생한 경험담, 선배들과 겪은 일화 등을 지원하는 회사의 경영가치와 결부해서 설명하면 좋은 포인트가 된다. 때로는 발로 뛰어 얻은 정보나 현장에서의 목소리는 자신을 차별화하는 전략이 될 수 있다.

마지막으로 최고보다는 최적의 인재라는 점을 어필할 수 있어야 한다. 지원자들은 서로 다른 경험과 강점, 특색을 갖고 있기 마련이다. 기업은 한 가지 기준으로 최고(最高)를 뽑는 것이 아니고, 팀에 필요한 최적(最適)의 인물을 뽑는다. 다른 사람이 아닌 자신이 뽑혀야 하는 이유를 부각해야 합격할 수 있다.

면접관은 자기소개 시간으로 주어지는 3분 가운데 처음 1분 안에 차별화된 지원자를 파악하게 된다. 신뢰할 수 있는 최적의 지원자를 파악하는데 굳이 긴 시간이 필요하지 않기 때문이다. 채용한 사람은 불량제품처럼 환불이 불가능하므로 지원자에 대한 이해가 있어야 채용한다. 1분 안에 자신의 모든 것을 압축해서 팔아야 면접에 합격한다.

04

최종면접은
'느낌'으로 판단한다

2차(최종)면접에서 5번이나 실패한 학생이 있다. 서류심사, 필기시험, 그리고 1차면접을 통과하고 난 다음에 최종면접에 낙방했으니, 실망과 좌절이 클 수밖에 없던 것이다. "최종면접은 관상으로 판단합니까?" 오죽 답답했으면 이런 의문을 가졌을까. 물론 2차면접 대상자를 '관상'으로 판단해 최종합격 여부를 결정하는 기업은 없다.

대통령 선거에 출마한 3명의 유력 후보가 연일 매스컴을 장식하고 있다고 하자. 유권자라면 누구나 누구를 찍을까 고민해봤을 것이다. 특정 후보를 마음에 담아둔 유권자도 있을 것이고, 딱히 마음에 드는 후보가 없어 지켜보자는 부동층도 있기 마련이다. 최종면접도 마찬가지다. 마음에 들지 않는 지원자를 자연스럽게 낙방시키는 절차나 다름없다.

'자기소개(필요한 경우 영어로)를 해보라', '아버지는 회사에서 어떤 일을 하시는가?', '최근에 읽은 책이 있는가?', '지금 모 방송국에서 방영되고 있는 드라마 주인공 역할에 대하여 어떻게 생각하는가?' 같은 질문이 그것이다. 간혹 간단한 시사문제를 묻기도 하지만 어려워 답변 못할 질문은 거의 하지 않는다. 필기시험, 1차면접을 통과한 사람은 누구를 뽑아도 업무처리능력은 충분하다는 판단을 하기 때문이다.

그렇다면 최종면접의 판단기준은 무엇일까? 우선 인성, 기업관, 가치관, 태도 등을 집중적으로 본다. 다만 이력서의 스펙은 거의 안 본다. 최종면접에서 실패했다면 면접관에게 믿음을 주지 못한 이유가 무엇인지를 스스로 찾아야 한다. 그래야 다음 면접에서 성공할 수 있다. 최종면접을 앞둔 지원자는 어떤 방법으로 면접관에게 믿음을 줄 수 있는지를 철저히 준비하자.

그렇다면 어떻게 하면 면접관에게 '느낌'을 줄 수 있을까? 이미 서류심사에서 검증을 거친 자기소개서(書), 풍채와 용모(身), 조리 있는 말(言), 그리고 사물에 대한 판단력(判)이 그 기준이 된다. 최종면접관은 이를 종합하여 직관(直觀)으로 합격 여부를 판단한다. 최종면접은 일을 믿고 맡길 수 있는 사람인지를 마지막으로 확인하는 과정이고 절차다.

최고경영자는 특별한 사정이 없는 한 신입직원 사령식장에 참석한다. 그리고는 "오늘 이 자리에 있는 여러분은 정말 마음에 쏙 든다, 믿음이 간다. 이미 한 식구가 된 기분이다"라는 내용으로 신입직원을 격려한다. 최고경영자와 신입직원 모두의 만면에는 만족스런 미소가 가득 피어나는 광경이 펼쳐진다. 최고경영자가 최종면접을 통해 믿을 수 있는 사람을 찾고 확인했기에 가능한 이야기다.

채용

01 채용 과정 프로세스

은행명	서류전형	필기전형
KB 국민은행 우리은행 기업은행 신한은행	자기소개서 작성	논술 및 기획안 작성 금융지식 테스트

1차면접	1차면접	1차면접	2차면접
토론면접 토론면접 진행 형식 평가 포인트 요령	**통섭역량면접** 인성면접 요령 인성면접 답변 요령	**세일즈면접** 세일즈면접 요령	실무진면접 임원진면접 인적성

인성면접과 인적성은 은행마다 1차면접으로 실시하는 은행도 있고 2차면접에 실시하는 은행도 있다.

02

은행별
전형 방법

1차면접	서류전형	필기시험	1차면접	2차면접
우리은행	자기소개서	없음	합숙면접 인적성	인성면접
국민은행	자기소개서	논술 기획안 작성 금융지식 테스트	토론면접 SRP (Sales Role Playing)면접 통섭역량면접	실무진면접 임원진면접 인적성
기업은행	자기소개서	논술형 약술형	합숙면접	인성면접
신한은행	자기소개서	없음	인적성 검사 토론, 인성, 상황면접	인성면접

〈하나은행〉

서류전형 → 1차 실무면접 → 필기시험 → 2차 임원면접

〈외환은행〉

서류전형 → 인성검사(인터넷) → 실무자면접 → 합숙면접

→ 임원면접

* 거의 모든 은행의 전형단계는 비슷하다.

PART 06

자기소개서

01
작성원칙

- 면접관은 1분 이상 자기소개서를 읽지 않는다.

- 자기소개서는 커리어 패스(Career path)의 시작이다.

: 더 로드(The Road).

: 학교는 학원이 아니다.

- 히스토리(History)는 이력서가 아니다.

: 핵심키워드를 부각시키고 적극적으로 자신을 알린다.

: 연대적 자기소개서는 버려라, 그리고 발상의 전환이 필요하다.

- 목적을 중심으로 논리적으로 기술한다.

: 목적을 정하고 목표를 세운다.

: 기승전결로 논리적으로 작성한다.

- 직무를 중심으로 구체적으로 작성한다.

: 직무 중심으로 작성한다.

: 자신이 일할 분야를 정하고, 경력은 구체적으로 적는다.

– 유의사항

: 오자와 탈자.

: 추상적 표현.

– 스토리가 스펙을 뛰어넘는다.

: 자신의 경험을(사소한 경험이라도) 부각시켜 자신이 이런 사람이라는 것을 증명하자.

– 은행의 인재상은 바로 나! 은행이 당면한 현실은 내가!

: 그 은행에 다니는 지인들에게 최대한 정보를 얻고 자신의 경험과 접목시켜 작성, 어필해야 한다.

– 지나치게 감성적이거나 길게 늘어지는 문체는 자제하자.

02
실전항목

- 실전형 마케팅 인재, 창의적 인재 사항의 경우 내용 서술(서류 제출 가능 시)
- (약술) 좌우명, 타인이 이야기하는 당신의 매력, 직업의 의미, 은행이 당신을 채용해야 하는 이유
- (서술) 성장과정/ 입행을 위해 노력했던 분야 및 결과/ 열정을 쏟아 몰입한 경험 및 성공·실패 경험/ 문학, 역사, 철학 등 인문 분야에 대한 고민을 통해 성찰력, 상상력, 창의력 등을 향상시 킨 경험

  (자기소개서 항목들) 지원동기 및 포부 / 10년 후 자신의 모습 / 은행에 필요한 사람임을 보여줄 수 있는 성장과정 / 성격의 장단점 및 생활신조 / 인생에서 중요한 사건(실패담/성공담/획기적 아이디어) / 리더십 경험담 / 자기PR(자유 형식) / 영업점 방문 후 느낀점 및 조언

03
코칭 사례 1

F항공사 합격

• E학생

* E학생은 K은행과 F항공사에 합격했다. 여기서는 항공사 자기소개서를 참고로 소개한다.

교수님 안녕하세요, 저는 영문과 E입니다. 기억하시지요? 연말 즐겁게 보내고 계신가요? 상담 드리고 싶어서 카톡 남깁니다. 최근에 하나투어, 모두투어 인턴실습 채용이 있어서 지원했는데 탈락하고 모 은행 동계인턴에서도 오늘 탈락했습니다. 또 근로복지공단에서도 최종 탈락이 됐습니다.

좌절보다는 당장에 뭐라도 시작해야 하는데 하지 못하는 답답함이 많이 듭니다. 제 미래가 너무 불안합니다.

시행착오를 줄여야 하는데 저는 준비가 부족한 탓에 시간을 너무 많이 낭비하고 있다는 생각을 지울 수가 없어요. 대학 4년간 생각 없이 지내온 것을 이제 되돌릴 수 없기에 막막하게만 느껴집니다.

상반기에 F항공에 합격하겠다는 목표도 과연 제 스펙과 능력으로 가능할 수 있을지 걱정만 됩니다. 전에 말씀드린 대로 호텔 서비스 아르바이트를 알아보니 대부분이 하루 이틀만 채용하는 단기 아르바이트고, 주로 의자를 나르는 일이라서 남자만 채용한다고 합니다. 제가 사회경험과 사회생활에 대한 마인드가 많이 부족한 것 같아서 대안으로 지금부터 패밀리레스토랑 서빙 아르바이트라도 해야 할지, 아니면 중소 어느 기업에라도 인턴 자리를 구해서 일을 해보는 게 좋을지 고민입니다.

만사에 지름길은 없지만 그래도 조금이라도 시행착오를 줄이고 싶어 어디서부터 어떻게 시작해야 할지 막막한 심정으로 교수님께 이렇게 상담을 드립니다. 긴 글 읽어주셔서 감사합니다.

• L코치

책임지고 코칭하겠습니다.

• E학생

안녕하세요. 요즘 날씨가 무척 춥죠? 다름이 아니라 한 가지 궁금한 점이 있습니다. 대학교 국제처에서 국제하계대학을 매년 열고 있습니다. 외국 교수님을 초빙하고 외국인 학생들을 받는 관련 업무를 근로장학생 신분으로 해보는 것은 어떨까요?

제가 궁금한 포인트는

1. 근로장학생 경험을 자기소개서 경력란에 넣을 수 있는 자격이 되지 않을 것 같은데, 그래도 외국인에 대한 서비스를 경험해볼 수 있다는 점에서 도움이 될 것인지 궁금합니다.
2. 저와 같은 전공자인 영문과 학생이 근로장학생으로 일하고 F항공에 들어 갔습니다. 사실 같은 전공에 경험도 비슷한 사람을 또 뽑지는 않을 수도 있겠다는 생각도 듭니다.

• L코치

합격한 다른 학생이 근로장학생 경력이 있는지는 중요하지 않습니다. 야생마처럼 생명력이 있는 자신의 스토리를 만드는 데 어떤 경력, 경험이 부족한가 하는 기준으로 판단하고, 그 경험으로 자신만의 스토리를 만드는 것이 전략입니다.

• E학생

상의할 것이 있어 이렇게 메시지 남깁니다. 편하실 때 답변 주세요. 조언해주신 대로 1월 초부터 서비스 경영에 대한 공부를 중점적으로 했습니다. 항공사업무에 대해서도 구체적으로 공부했습니다. 여객 마케팅과 홍보업무를 원합니다. F항공 대졸채용에 합격하는 것이 현재목표입니다.

제가 궁금한 부분은 삼월 초부터 여러 회사에서 채용공고가 나올 텐데, 어떻게 지원전략을 세우는 것이 유리할지 궁금합니다. F항공만이 목표이기는 하지만 하나만 지원하기에는 차선책으로 대안이 필요할 것 같기도 하고, 반대로 공고가 나는 모든 회사에 지원하는 방법은 시간 낭비라는 생각이 드는데요, 3월 지원 전략을 어떻게 세우면 좋을지 전문가이신 교수님께 답변 구하고 싶습니다.

• E학생

한 가지 궁금한 것이 있습니다. 회사마다 차이가 있겠지만 보통 채용 시 인사팀에서 그날그날 들어오는 서류를 바로 검토하시는지 궁금합니다. 그렇다면 지원이 폭주하는 날을 피해서 지원 시점을 잡아야 제 서류가 검토될 수 있는 확률을 높일 수 있는 것인지 그 지원 시점 관련 팁을 여쭤보고 싶습니다.

• L코치

지원자 입장에서 개별지원 시기를 염려 또는 고려할 필요가 없습니다. 정해진 기한에 일괄로 마감하고 동시에 서류를 검토합니다. 즉 시기에 따른 유불리는 없습니다.

- E학생

교수님 안녕하세요. 코칭해주신 덕분에 오늘 F항공 서류 합격 소식을 받았습니다. 남은 면접 열심히 준비해서 좋은 결과 있도록 더욱 노력하겠습니다. 감사합니다.

- E학생

제 자기소개서를 보냅니다.

안녕하십니까! 예비 F항공 직원 E입니다. 저는 F항공에서 외투 보관 서비스, 해피맘 서비스에 이은 혁신적 서비스를 기획하기 위한 두 가지 강점을 가지고 있습니다. 첫째는 성실함입니다. 저는 대학 시절 부모님께 의지하지 않고 직접 아르바이트를 하고 장학금을 받아서 1,000만 원을 모았습니다. 이 돈으로 토론토로 교환학생을 다녀왔습니다. 항공이 토론토 직항편이 없어서 나리타에서 다른 항공사로 환승하게 되어 아쉬웠지만, 제가 직접 성실하게 번 돈으로 탄 생애 첫 국제선 비행기는 F항공이었습니다.

둘째는 서비스에 대한 열정입니다. 세계 각국에서 온 600여 명의 외국인 학생들의 학교생활을 지원하는 일을 했습니다. 서비스를 잘하려고 하면 오히려 힘이 들어가지만, 진심으로 방문하는 고객을 반가워하고 좋아하다 보면 고객은 더 활짝 마음을 열어 주었습니다. 저의 서비스에 대한 열정과 성실성으로 F항공에서 끊임없는 서비스의 혁신을 배워나가고 싶습니다.

- E학생

지난번 조언해주신 것처럼 실제 경험을 더 넣고 일목요연하게
자기소개서를 수정했습니다.

안녕하십니까! 예비 F항공 직원 E입니다. 저는 외투보관 서비스
해피맘 서비스를 이을 혁신적 서비스를 기획하기 위한 두 가지 강
점을 가지고 있습니다.

첫째는 성실함입니다. 재학 중 성실하게 아르바이트를 하고 장학
금을 받아서 1,000만 원을 모았습니다. 이 돈으로 생애 첫 국제선
비행기를 타고 토론토로 교환학생을 다녀왔습니다. F항공은 토론
토 직항이 없어 나리타까지만 F항공을 탄 것이 아쉬웠지만 이 아
쉬움은 F항공에서서 성실한 자세로 일하며 달래겠습니다.

둘째는 서비스에 대한 열정입니다. 600명 외국인 학생들에 대한
서비스를 맡았습니다. 새로 오는 외국인들의 편의를 위해 공항 픽
업 서비스를 운영했습니다. 일주일에 한 번씩 학생 그룹을 초대해
런치타임을 운영하면서 서비스 개선 방안을 찾아 나갔습니다. 저
의 서비스에 대한 열정과 성실성을 바탕으로 F항공에서 끊임없는
서비스 혁신을 이루겠습니다.

04

코칭 사례 2

코칭사례 2

- **A학생**

  교수님, 아무래도 자격증을 더 따야 하나 봅니다. B은행에 떨어졌네요.

- **L코치**

  자격증 때문에 떨어진 것이 아닙니다. 다시 시작합시다.

- **A학생**

  어제 상담해주신 내용을 바탕으로 정리하고 있습니다. 'D은행에서 당신을 왜 뽑아야 합니까'라는 질문에는 어떤 방향이 현명할까요?

- **L코치**

- **A학생**

자기소개서를 작성해봤습니다.

안녕하십니까, D은행 3수생 A입니다. D은행에 대한 열정으로 똘똘 뭉친 저는 D은행의 소매금융 리테일 왕이 되기 위한 두 가지 강점을 보유하고 있습니다.

첫째, 소통능력입니다. 유학 시절 고민을 잘 들어주는 제가 엄마처럼 신뢰가 간다며 친구들은 저에게 글로벌마미라는 별명을 지어주었습니다. 이러한 따뜻한 소통능력으로 고객들을 감싸 안겠습니다.

둘째, 영업에 대한 열정입니다. 다양한 영업활동을 하면서 각계각층의 사람들을 만났습니다. 제 특유의 신뢰감 덕분에 지금도 좋은 관계를 유지할 수 있었습니다. 특히, 백화점 인턴을 하면서 스텝 연락처 200개 모으기를 실천한 결과 총 170여 개를 모을 수 있었습니다. 이를 통해 영업력은 진심으로 먼저 다가가는 노력에서 비롯됨을 배웠습니다. 이러한 저의 영업에 대한 열정으로 고객이 또 찾고 싶은 D은행원이이 되도록 하겠습니다.

자기소개서 조언입니다.

1. D은행 3수생이란 말은 생략하세요. 끈기를 나타낼 수 있겠지만 은행은 원칙적으로 한 번 탈락시킨 사람은 다시 뽑지 않습니다.
2. 유학 시절 고민을 구체적으로 작성하세요.
3. 다양한 영업활동도 구체적으로 작성하세요.

• A 학생

조언해주신대로 자기소개서를 수정해봤습니다.

안녕하십니까! D은행에 대한 열정으로 똘똘 뭉친 지원자 A입니다. 저는 D은행의 소매금융 리테일 왕이 되기 위한 두 가지 강점을 보유하고 있습니다. 첫째, 소통능력입니다. 해체될 위기에 처한 동아리를 살리기 위해 헌신한 적이 있었습니다. 이에 동아리 회원들은 엄마처럼 신뢰가 간다며 제게 엄마라는 별명을 지어주었습니다. 엄마처럼 따뜻한 소통능력으로 신한의 고객들을 감싸안겠습니다. 둘째, 영업에 대한 열정입니다. 백화점 인턴과 식품판매 경험을 하며 각계각층의 사람들을 만났고, 특유의 신뢰감 덕분에 지금도 좋은 관계를 유지해 올 수 있었습니다. 특히 백화점 인턴을 하며 스텝 연락처 200개 모으기를 실천한 결과 총 170여

개를 모을 수 있었습니다. 이를 통해 영업력은 진심으로 먼저 다가가는 노력에서 비롯됨을 배웠습니다. 저의 영업에 대한 열정으로 고객이 또 찾고 싶은 D은행직원이 되도록 하겠습니다.

• L 코치

친척이나 가족이 해당 은행에 근무한다고 말하지 마세요. 업무의 특성상 내부통제나 내부 견제 문제가 있을 수 있다고 판단, 직계가족을 채용하지 않는 경향이 있습니다. 그리고 과거에 D은행에 응시한 사실도 말하지 마세요. 한 번 낙방한 사람도 가능하면 다시 채용하지 않습니다. 은행에는 입행동기생이 있고, 동시에 이런 저런 소문이 있을 수 있어 가능하면 새로운 사람을 채용합니다.

05

성공·실패 사례 분석

| 자기소개서 항목 분석 |

국민은행

· 약술형

– 좌우명(100bytes 이내)

– 타인이 이야기하는 귀하의 매력(100bytes 이내)

– 직업의 의미(100bytes 이내)

– KB국민은행이 귀하를 채용해야 하는 이유(100bytes 이내)

· 서술형

– 본인의 성장과정에 대해 서술하시기 바랍니다(500bytes 이내).

– 입사하기 위해 노력했던 분야 및 결과 등에 대해 서술하시기 바랍

니다(500bytes 이내).

– 본인의 열정을 쏟아 몰입한 경험, 성공 또는 실패 경험 등에 대
해 서술하시기 바랍니다(500bytes 이내).

2) 신한은행

· 문제

– 지원동기 및 포부, 성장과정, 수학 내용(휴학 기간 또는 졸
업 후의 공백기 내용 포함), 본인의 가치관 및 인생관에 영향
을 끼쳤던 경험 등을 주제별로 구분해 자유롭게 기술해주세요
(600bytes 이내).

– 지금까지 자신이 속한 조직 및 모임에서 가장 크게 기여했다고
생각하는 경험에 대해서 작성해주세요(조직 및 모임의 이름과
소속기간, 조직 개요, 자신이 기여한 점, 투입한 노력, 기여 결
과 및 자신이 배운 점 등).

– 어려운 난관에 봉착했을 때 원칙과 약속을 통해 문제를 해결한
사례 또는 원칙과 약속 때문에 어려움을 겪었던 사례를 구체적
으로 기술해주세요.

– 획기적인 아이디어를 내서 보다 나은 결과를 만들었거나 차별

적 경쟁력을 확보했던 경험을 기술해주세요.

– 본인이 생각하는 신한은행의 과거·현재·미래에 대해 각각 하나의 키워드를 선정하고, 그 이유를 설명해주세요.

· 분석

신한은행 일반직의 경우 수익성 확대와 매출 확대를 이룰 수 있는 신사업기획능력과 그에 맞춘 업무추진능력을 핵심 평가요소로 두고 있다. 특히 신한은행의 경우, 무엇보다 방향성 있게 자기소개서를 작성하는 것이 중점사항이다.

우리은행

· 문제

– 가족, 성격의 장단점, 성장과정, 취미·특기, 학창시절 등 자유롭게 본인을 소개해주십시오(1000bytes 이내).

– 우리은행을 지원한 동기가 무엇이고, 은행원으로서의 향후 포부에 대해 기술해주십시오(1000bytes 이내).

– 우리은행 영업점과 다른 시중 은행 영업점을 직접 방문하고, 우리은행이 상대적으로 우수한 점과 개선해야 할 점을 비교·설명해주십시오(1500bytes 이내).

– 지금까지 가장 열정적으로 임했던 일 또는 경험을 사례를 바탕으로 귀하의 '열정'에 관해 말씀해주십시오(1200bytes 이내).

– 금융인은 직업윤리의식 수준이 매우 높아야 합니다. 우리人

으로서 꼭 가져야 할 직업윤리(도덕성, 정직, 신뢰, 명예 등)는 무엇이라고 생각하는지 본인의 경험에 비추어 서술하십시오 (1000bytes 이내).

· 분석
우리은행의 경우 당행에 대한 관심도 측정을 매우 중요한 평가 기준으로 삼고 있는 듯하다. 또 특이할 만한 점은 지원자의 직업윤리의식을 강조하고 있다는 것이다.

외환은행

- 귀하의 성장과정을 통해 본인을 소개해주시기 바랍니다.
- 귀하의 장점과 단점은 무엇이며, 단점을 극복하기 위해 노력했던 경험이 있다면 기술해주십시오.
- 귀하의 인생관과 직업관에 대해 기술해주십시오.
- 가치관이나 생각 등이 서로 다른 사람들과 팀을 이루며 과제를 수행했거나 성과를 창출한 경험에 대해 기술하고, 팀워크의 장애요인이 있었다면 어떻게 해결했었는지 기술해주십시오.
- 외환은행에 지원하게 된 동기와 입행해 이루고 싶은 목표는 무엇이며, 그 목표를 달성하기 위해 어떤 노력을 할 것인지 기술해주십시오(각 항목 당 글자 수 공백 포함 최소 400bytes 이상 ~1500bytes 이내).

· 분석

타행 자소서 양식에 비해 비교적 평이한 편이라고 판단된다. 그러나 지원자 본인이 자신의 삶에 대해 얼마나 진지하게 고민해 봤는지, 또 협동적 리더십을 강조하고 있는 점이 독특하다.

| 작성 요령 |

지원동기

다른 항목보다 인사담당자라면 이 항목을 먼저 읽고 아니면 걸러 버릴 것이다. 짧게는 200자부터 작성하게 되는데, 200자면 두 줄 정도(말로 하면 스피치 20초)의 분량이다. 따라서 다른 은행 포함 금융기관 중에 왜 하필 당행을 선택했는지를 설득력 있게 피력해야 할 것이다. 해당 은행의 자료를 많이 찾아보고 기술해야 하는 대목이다.

창의성

이 부분에서 유의할 점은 평소에 가만히 있다가 엉뚱한 상상을 통해 내가 다른 사람들이 모르는 무엇인가 아이디어를 내서 주변의 부러움을 샀다는 정도의 일화를 글로 풀어서는 안 된다는 것이다.

'이면에 감춰진 것'이란 부분에 초점을 맞추어 '본인은 기본기의 중요성을 알고 잘 배우고 익숙해지면서 시야를 넓혀 보니 이러이러한 개선 방향(Enhance이지 Creativity가 아님)을 잘 설득하고, 이 과정을 통해서 문제를 해결했다'는 구조로 글을 써야 한다. 과거 자기소개서 양식들이 지원동기를 가장 우선적으로 물어본 데에 비해 창의성은 최근 강조되는 부분이라 할 수 있다.

리더십

여기서 이 질문을 보고 나중에 면접에서는 '동물이나 사물에 빗대어 자신을 설명해보세요'라는 질문으로 이어질 수 있다. 따라서 추후 면접까지 고려한다면 이 항목에서도 잘 기술해야 함을 알 수 있다. 즉, 가서 말하고자 하는 동물이나 사물이 주는 의미와 이미지를 여기에 잘 생각해서 풀어 넣어야 한다는 것이다.

비전은 '자부심이 되는 일등'을 말한다. 즉, '자기 중심적 리더십'이 아닌, '협력적 리더십'을 물어보는 것이다. 예컨대 팔로워(follower)로써 공동의 목표를 이루기 위했던 가했던 노력과 성공 스토리를 통해 얻은 자신감을 잘 표현한다면 좋다.

개인적 경험

이 부분은 특히 '자유롭게 기술하라'고 제시되어 있는데, 그 의도는 '자기소개서를 매우 꼼꼼히 볼 테니 지원자는 나머지 항목에서 미처 말하지 못한 바를 가지고 자신을 충분히 설명해보라'라고 생

각된다. 특히 단서가 붙은 부분이 있다면, 그에 대해 더욱 면밀히
살펴보겠다는 뜻을 내포하고 있는 것이다. 이에 맞추어 해당 부분
을 충분히 설명해야 할 것이다. 그러나 절대 거짓말을 해선 안 된
다는 것이 주의할 점이다. 회사의 인사과는 모두 그 분야의 전문
가이기에 조금의 거짓말도 쉽게 눈치 챌 수 있다. 다만, 각색을 해
서 좀 더 극적인 상황을 연출하는 것은 가능하다.

| 전공별 합격 전략 |

은행에서 창구업무가 아닌 본점업무를 담당하는 경우 경제, 금융,
경영 관련 지식이 필요한 것이 현실이다. 따라서 관련 학과를 전공하
는 것이 유리할 수 있으나, 그렇지 않다 해도 재무 관련 자격증이 있다
면 유리하다.

물론 개인에 따라 차이가 있겠다. 그러나 예컨대 은행 3종 세트라 불
리는 펀드투자, 증권투자, 파생상품투자상담사 자격증 같은 금융자격
증을 공부해서 획득한다면 (금융권 취업을 위해) 자신이 부족한 부분
을 보완하기 위해 노력했다는 점을 인정받을 수도 있다. 혹은 자기소
개서를 서술하는 데 있어 자신의 학과와 해당 금융기관의 업무를 긴밀
하게 관련지어 작성하는 것도 하나의 방법이다.

06

서류 통과 샘플(자기소개서)
소개 및 분석

자기소개서 소개 및 분석(부분)

– 뮤지컬 ○ ○ ○ ○ 스텝으로서 나의 일을 즐기다

'피할 수 없으면 즐겨라'라는 생활신조를 갖고 있습니다. ○ ○ ○ ○ 뮤지컬 스텝으로 일할 당시, 수천 개가 넘는 소품을 챙기는 일을 했습니다. 당시 소품을 챙기는 업무는 매우 주먹구구식으로 운영되었었습니다. 이에 저는 자발적으로 소품업무 매뉴얼화를 위해 엑셀 작업을 했습니다.

(중략) 이전에는 하나의 소품을 찾을 때 평균 10분 이상 소품창고를 뒤지던 것에서 10초면 정확히 위치를 찾아낼 수 있게 되었습니다. 어차피 해야 될 일이라면 제대로 일하는 자세를 바탕으로 매사에 긍정적으로 임하는 자세를 갖출 수 있었습니다.

· 분석

생활신조

생활신조를 활용한 성장과정 작성

긍적적 마인드(인성)를 뒷받침할 수 있는 경험을 활용한 경우

– 고객 20명을 확보하면서 성실함을 인정받다

○○은행 창구 파트타이머를 근무하면서 '나만의 고객 20명을 확보하자'라는 목표를 세웠습니다. 이를 위해 지점에 자주 내방하시는 분들의 특징을 메모해두었고, 비슷한 유형의 질문을 리스트로 만들었습니다. (중략) 이를 통해 직원분들로부터 성실함을 인정받아 파트타임 두 달 후에는 금융 상품의 브로슈어와 현수막 제작에 참여, 지점 홍보업무까지 맡을 수 있었습니다.

· 분석

은행 인턴십

아르바이트를 활용해 직무 관련 경험

성실함(인성)을 어필

– 영업의 효율성이 필요함을 깨달았던 상품판매 경험

중국 유학 시절 국내의 ○○용품을 수입해 ○○에서 인터넷으로 판매한 일은 고객의 중요성을 확인할 수 있었던 경험이었습니다.

200만 원의 자본금을 바탕으로 시작했던 인터넷 판매 경험은 40만 원의 이윤을 냈지만, 결과적으로 시간 대비 낮은 이윤으로 인해 사업을 계속 영위할 수 없었습니다. (중략) 물론 고객들에게 긍정적인 평가를 받을 수는 있었지만 현실적인 측면에서 판매 프로세스의 효율성 또한 중요하다는 사실을 알 수 있었습니다.

· 분석

판매 경험을 활용해 영업력 어필

자기소개서 소개 및 분석(외환은행)

살아오면서 가장 후회되는 일과 가장 보람 있었던 일을 한 가지씩 소개해주십시오(최소 400bytes 이상 1500bytes 이내).

– 복차지계

군 입대 날짜를 받아 놓고 약 한 달가량 허송세월 한 것이 가장 후회됩니다. 군 입대라는 장벽 때문에 무기력하게 시간을 보냈습니다. 그 기간 동안 운동을 해서 몸을 건강하게 만들어 놓았더라면 군대에서도 체력적으로 쉽게 적응할 수 있었을 것이라고 생각합니다. 그러나 제게 있어서 이런 경험은 후회되는 일이지만 복차지계로 삼게 됐습니다.

복차지계란 앞에 있는 수레의 엎어진 바퀴자국은 수레의 거울을 이른다는 말입니다. 지금 생각하면 3개월간의 시간을 허비한 것이지만 이를 저의 거울로 삼아서 앞으로의 시간을 더욱 소중히 하고 낭비하지 않겠다는 마음가짐을 갖게 되었습니다.

– 나누는 기쁨

마술동아리에서 마술교육팀장으로 활동할 때의 일입니다. 학교에서 신입생 오리엔테이션의 프로그램의 일환으로 공연해달라는 요청이 올 만큼 인기가 높았습니다. 그러던 어느 날, 저희 동아리로 요양원에서 공연 요청이 들어왔습니다. 몸이 불편해 사람들이 많은 장소에 나가지 못하는 사람들을 위한 공연 요청이었습니다. 그 요청을 받자마자, 무료공연의 혜택조차 받지 못하는 사람들을 위해 무언가를 해주어야겠다는 의지가 마음속에서 불타올랐습니다.

저는 바로 동아리 사람들과 의논해 공연 팀을 구성했고, 여러 양로원과 고아원등의 시설을 찾으며 공연을 하게 되었습니다. 장애를 가지고 있지 않은 사람들도 저희의 공연을 환호하고, 열광해주었지만 몸이 불편해 평소 문화생활을 접하지 못했던 사람들의 환호는 더 크게 다가왔습니다. 저는 이러한 경험을 통해서 보이지 않는 곳에 소외된 사람들에게 추억으로 남길 만한 선물을 해주었다고 생각하고, 이것은 저의 능력을 발휘해 보람을 느낀 가장 커다란 일이었다고 생각합니다.

· 분석

은행의 인재상에 맞게 자신을 잘 부각시켰다. 군 생활에 대해 진솔하게 기술해 믿음을 주었다(Trust & Honor). 나누는 기쁨과 봉사활동을 통해 열정과 자기계발능력을 보여주었다(Passion & Self-Development).

귀하의 인생에서 가장 소중하게 생각하는 가치를 2가지 선택한다면 무엇입니까? 그러한 결정을 하게 된 과거의 경험을 설명해주십시오(최소 400bytes 이상 1500bytes 이내).

– 신용과 긍정적인 사고방식

사람의 가치는 그 사람의 생각과 행동에 따라 결정된다고 합니다. 저는 그 중에서 신용과 긍정적인 사고방식을 가장 중요한 가치라고 생각합니다. 3년 전에 군대를 제대한 후, 6개월 정도 인터넷 여성의류 쇼핑몰을 운영했습니다.

정해진 날짜에 중국 현지 회사에 도착해야 할 물품이 도착하지 않아 배송 지연이 불가피한 상황이 있었습니다. 그래서 저는 그 제품을 결제한 모든 사람들에게 전화해서 사정을 설명하고, 배송 지연에 따른 사은품을 지급했습니다. 또한 결제 취소를 한 사람들에게도 사은품을 지급해 다음에도 거래를 할 수 있도록 신용을 만들었습니다. 이를 통해 신용이라는 것이 얼마나 쉽게 잃을 수 있는 것인지에 대해 생각하는 기회를 가지게 되었습니다.

그 이후에 신용이야 말로 그 사람의 가치를 결정한다고 굳게 믿게 되는 계기가 되었으며, 어떠한 일에서든 신용 있는 사람이 되기 위해 노력하고 있습니다. 또한 긍정적인 사고방식은 저 뿐만 아니라 주변 사람들에게도 활력소가 된다고 생각합니다.

음악이 하고 싶어서, 대학교 1학년 당시 ○ ○ ○이라는 클래식기타 동아리에 가입했습니다. 그리고 그 해 말 학교에서 첫 공연을 하게 되었습니다. 첫 공연이라서 실수하지는 않을까 하는 걱정되는 마음으로 공연자들은 긴장감에 시달렸습니다. 마지막 리허설 때에는 연습했던 곡을 성공하지 못하는 실수가 많았습니다. 저 또한 떨리고 긴장되는 무대였지만, 저는 동아리원들에게 실수할 생각보다는 멋지게 공연한 후의 우리의 모습을 생각하자고 화이팅을 외쳤습니다. 그 결과 공연을 잘 마무리할 수 있었고, 이러한 경험을 거울로 삼아 언제나 긍정적인 사고방식을 가진다면 더 좋은 결과를 낼 것이라는 확신을 갖게 되었습니다.

· 분석

은행 인재상을 고려해 자신을 잘 나타냈다. 신용의 중요성을 보여주어 보수적(保守的)인 은행업무 수행 자질을 보였다. 동아리 활동의 경험을 팀워크로 잘 연결시켜 기술했다(Open Mind & Team Work).

최민호 선수는 많은 어려움을 극복하고 베이징 올림픽에서 첫 금
메달의 영광을 안겨주었습니다. 시상식에서 보여준 최민호 선수
의 눈물은 그동안의 노력만큼이나 값진 것이었습니다. 귀하에서
모든 어려움과 한계를 극복하고 도전하고 싶은 목표는 무엇입니
까? 그렇게 생각한 이유를 설명해주십시오(최소 400bytes 이상
1500bytes 이내).

외환은행을 세계 최고 은행으로

- 목표는 높게

IMF 이후 저는 경제뉴스와 신문에 대해 많은 관심을 가지게 되
었고, 대학에 입학해서도 투자론, 외환론 등의 수업을 들으며
금융에 대한 지식을 쌓기 시작했습니다. 경제·경영에 대해 공부
하며, 저는 금융업계의 거물이 되겠다는 목표를 설정했습니다.
저는 외환은행에 입행해 최고 경영자의 자리까지 오르겠다는
목표를 가지고 있습니다.

- 왜 외환은행인가?

막연한 동경의 상대였던 금융시장이 공부를 하면서 현실로 다
가왔습니다. 금융시장 중에서 우리나라를 대표하는 것은 은행
이라고 생각합니다. 외환은행은 우리나라에서 외국환, 무역 과
금융 분야에서 선도적 시장 지위를 유지하고 있다고 생각합니

다. 저는 우리나라의 경제를 이끌고 대표하는 외환은행 CEO가
되어서 가깝게는 아시아 최고 은행, 나아가서는 세계 최고의 은
행으로 외환은행을 이끌겠습니다.

– **목표를 달성하기 위해**

CEO가 되기 위해서는 리더가 되어 사람을 움직이는 맨파워를
가져야 한다고 생각합니다. 이러한 맨파워를 가지기 위해서는
상대방을 내 편으로 만들 수 있는 힘이 필요합니다. 이러한 힘
은 고등학교 시절부터 줄곧 임원으로 활동했던 경험과 대학교
에서 마술동아리를 창단하고 운영한 경험을 통해 길러진 저만
의 카리스마가 도움을 줄 것이라고 생각합니다.

– **미래에의 포부**

준비된 자에게 기회는 희망입니다. 저 또한 준비된 사람이 되어
제가 목표로 하는 외환은행의 CEO가 되는 희망을 꿈꾸고 있습
니다. 가려운 곳을 긁어줄 수 있는 행원이 되어 고객과 외환은
행의 임직원 모두가 자신의 일에 만족할 수 있는 CEO가 되기
위해 금융전문가가 되는 것을 가까운 목표로 삼겠습니다.

· 분석
고객 중심에서 생각하고 행동하는 프로 금융인으로서 자신의 비
전을 잘 표현했다.

외환은행에 대해 가지고 있는 이미지는 무엇이며, 입행한다면 어떠한 역할을 통해 본인의 성장과 조직의 발전에 기여할 수 있는지 설명해주십시오(최소 400bytes 이상 1500bytes 이내).

– 가장 크진 않아도 가장 최고가 되자(Not Biggest but Best!)

외환은행의 경영 방향은 하루가 다르게 변해가는 금융시장에서 가장 발 빠른 행보를 취할 수 있는 것이라고 생각합니다. 2005년 1월 새로운 CEO인 리처드 웨커 취임 이후 "Smart and Profitable Growth"라는 가치 아래 외환은행은 규모는 작지만 한국 최우량 은행으로 평가받을 수 있었습니다.

규모는 방대하지만 수익성은 떨어지는 시중은행에 비해 외환은행은 높은 자산 건전성을 바탕으로 우량고객들을 유치하고 있다고 생각합니다. 또한 외환은행은 전 세계에 26개의 해외 지점 및 현지법인을 두고 국내 은행 중 외국환 및 무역금융 분야에서 선도적 시장 지위를 유지하고 대외적으로 우수 은행으로 명성을 떨치고 있습니다.

– 스페셜리스트 조(Specialist Cho)

저는 외환은행에 입행해 2가지 분야에서 스페셜리스트가 될 것입니다.

첫째, 고객의 입장에서 생각하는 행원이 되겠습니다. 은행의 가장 중요한 자산은 돈이 아니라 사람이라고 생각합니다. 고객을 위한, 고객과 함께 성장하는 외환은행이 되기 위해 무엇보다 고객의 신뢰를 얻겠습니다. 항상 웃는 얼굴로 고객에게 다가서며, 고객의 상황에 맞춘 금융 서비스를 제공하겠습니다.

둘째, 저는 고객에게 신뢰를 줄 수 있는 행원이 되기 위해 금융 전문성을 갖기 위해 노력하겠습니다. 그러기 위해서 CFA는 물론 나머지 남은 Level 2, 3을 패스해 국제금융 분야에서 전문가가 되겠습니다. 그리고 금융 상품에 대해서 꼼꼼히 조사하겠습니다. 고객의 니즈에 맞춘 투자를 하려면 맞춤 금융 상품을 선택해야 하고, 그 금융 상품의 리스크와 수익률을 정확히 파악해야 한다고 생각합니다. 고객이 더욱 더 외환은행을 신뢰하고 자산을 맡기게 할 수 있다면, 조직의 발전을 물론 저의 성장을 위해 더 높은 수준의 전문성을 달성하겠습니다.

· 분석

Team Work(closed up)

Customer–Oriented Business Mind(closed up)

07

서류 통과 실패 샘플(자기소개서) 소개 및 분석

● 본인의 성장과정에 대해 서술하시기 바랍니다.

– 사람 간의 무역, 소통을 배우다

한국무역협회에서 인턴을 할 당시의 일입니다. 과장님께서는 개인적인 업무를 따로 지시하셨습니다. 한두 번은 과장님의 바쁘신 사정을 고려해 도와드렸습니다. 하지만 시간이 지날수록 개인적인 업무의 요구는 심해졌습니다. 한참을 고민 후, 과장님과의 식사자리를 마련했습니다. 반주를 하면서 저의 소견을 꺼냈습니다. 처음에는 불편한 기색을 내비치셨습니다. 얼마 후 자신이 부당했다고 허심탄회하게 말씀해주셨습니다. 그 후로 형동생 사이로 자주 술자리를 가지며 가까워졌습니다. 이때 얻은 소통은 조직융화의 핵심이라고 생각합니다.

– 조직융화의 달인

경제관념을 키우고자 택배운송업부터 혹서기 인형탈까지 많은 아르바이트를 했습니다. 동료와 어떻게 하면 즐겁게 일을 할 수 있을까 생각했습니다. 아르바이트 특성상 대부분이 반복되는 업무라 사람들이 지치고 짜증을 내는 일이 다반사였습니다. 그럴 때마다 지친 동료에게 웃는 얼굴로 밝은 분위기를 이끌었습니다. 또 진실한 격려와 칭찬이 동료와 저 자신, 모두를 즐겁고 활기차게 할 수 있다는 것을 깨달았습니다.

덕분에 함께한 동료로부터 "네가 없었으면 난 중간에 그만두었을 거야"라는 말을 자주 듣게 되었습니다. 짧은 기간이었지만 함께 했던 사람들과 인연의 끈을 놓지 않고 있습니다. 또한, 무슨 일을 할 때면 주위 동료에게 웃는 얼굴로 다가가 먼저 마음을 여는 습관을 길렀습니다. 덕분에 동기들 사이에서 팀 프로젝트 1순위로 뽑힙니다.

· 분석

조금 더 금융권 인재에 적합한 성장과정을 보여주는 것이 좋겠다. 성장과정은 지원직무에 대한 관심이 어떻게 시작되었고, 어떻게 그 관심이 커오면서 표출되었는지를 쓰는 것이 키포인트다.

● 당행에 입사하기 위해 노력했던 분야 및 결과 등에 대해 서술하시기 바랍니다.

빠른 현장 업무 숙지가 가능한 인재 누구에게도 뒤지지 않을 자신 있는 장점이 다섯 가지 있습니다.

첫째, 금융업에 대해 잘 알고 있습니다. 증권투자상담사 자격증을 따면서 금융의 기본구조를 파악했습니다. 또 현직자와의 만남을 통해 금융회사의 업무와 수익구조에 대해 알 수 있었습니다. 이를 바탕으로 빠른 현장 업무 숙지가 가능합니다.

둘째, 거시경제 흐름을 파악했습니다. 은행 청원경찰 아르바이트 당시, 고객의 정보를 소홀히 대해 크게 혼이 났던 적이 있습니다. 이를 바탕으로 높은 보안의식을 가지게 되었습니다. 이를 토대로 아시아를 넘어 세계로 진출하는 KB국민은행의 로드맵에 일조해 중화권 금융 네트워크 전문 KB인으로 성장하고 싶습니다.

셋째, 사무용 프로그램을 실무에 활용할 수 있습니다. 사무용 자격증을 취득했습니다. 또한, 한국무역협회의 인턴생활은 주간보고부터 결재서류까지 실무에 관한 활용능력을 증진해주었습니다.

넷째, 사람을 끌어당기는 매력이 있습니다.

• 본인의 열정을 쏟아 몰입한 경험, 성공 또는 실패 경험 등에 대해 서술하시기 바랍니다.

– 교육사업을 통해 얻은 비즈니스 마인드

재중유학생은 중국인과의 1:1 과외를 원합니다. 하지만 과외를 하고 싶어 하는 중국인들과 과외를 받고 싶어 하는 한국인들 간 매개체가 없습니다. 곧바로 중국 각 우수 대학의 게시판과 한인 커뮤니티 사이트를 통해 양쪽의 수요와 공급이 상당하다는 것을 조사했습니다. 중국 블로그를 통해 중국인 선생님과 유학생이 서로 만날 수 있는 장소를 제공했습니다. 이를 통해 각자의 요구사항에 맞는 대상을 찾을 수 있도록 했습니다.

3개월간의 축적된 경험으로 기타 과목을 증강했습니다. 또 학생들에게 연락해 피드백을 요청, 강의를 평가하고 기록했습니다. 입소문을 탄 블로그는 각 나라의 유학생들이 방문했습니다. 일상의 소소한 일들을 비즈니스 마인드를 갖고 대하는 태도는 KB금융전문가로 성장하는데 밑바탕이 될 것입니다.

– 선택과 집중의 중요성

대학 목표는 無재수강이었습니다. 제대 후 자신감으로 부전공과 많은 사회활동을 같이 진행했습니다. 잠을 줄여가며 임했고 제대로 마무리되는 듯 보였습니다. 하지만 막상 시험기간이 되니 평소 못한 예습과 복습으로 불안했습니다. 노력했으나 처음으로 불합격을 받았습니다. 때문에 장학금 신청을 못했습니다. 이후 중요치 않은 활동은 포기하고 선택과 집중을 통해 높은 점수로 재수강 과목을 통과했습니다. 또 한중녹색포럼에서 좋은 결과도 얻었습니다. 이는 빠르게 변화하는 금융업 특성상 중요한 자질이라고 생각합니다.

● 해외에서의 대학생활을 통해 얻게 된 본인만의 경쟁력에 대해 서술하시기 바랍니다.

– 사막에서의 캠핑(Camping in Desert)

미래숲워크캠프 팀장으로 활약했습니다. 11년 동안 수많은 사람이 심고 간 나무들을 돌봐야 하는 상황에 이르렀습니다. 사막 야영은 금지되어 있었습니다. 각서와 함께 쿠부치사막으로 향했습니다. 모래바람으로 야영지가 덮여버릴 수도 있는 위험으로 불침번을 시행했습니다. 피로는 나날이 쌓여만 갔습니다. 빡빡한 일정으로 날로 날카로워지는 동료를 배려하고자 소소한 일까지 도맡았습니다. 체력이 약한 팀원에게는 섬세한 부분을, 강한 팀원에게는 노동을 안배했습니다. 또한 매일 아침 함께 웃는 얼굴로 농담과 격려를 건네는 시간을 마련했습니다. 마지막

날 우리는 부둥켜안고 눈물을 흘렸습니다. 이때 얻은 도전 정신
은 해외 지점 확장에 필수요소라고 생각합니다.

– 발로 뛰는 간판

베이징 올림픽 안내원 자원봉사자 때의 일입니다. 무더운 여름,
안내소에서 관광객들을 맞이하기가 힘들었습니다. 하지만 간판
은 언제까지나 고정되어 있어야 한다는 선입견을 깼습니다. 직
접 밖으로 나가 어려운 사람들을 찾아 다녔습니다. 길을 모르시
는 분께는 말로 하는 설명보다는 직접 동행해드렸습니다. 또 미
아를 찾을 때 방송보다는 두 발로 뛰어다녔습니다.
덕분에 내외국인들에게 호평을 얻었습니다. 그 결과 최우수 안
내센터로 뽑혔습니다. 이때 얻은 적극적이고 능동적인 자세는
CS마인드의 중요한 요소라고 생각합니다.

• 문학·역사·철학 등 인문 분야에 대한 고민과 성찰을 통해 통찰
력·상상력·창의력 등을 향상시킨 경험에 대해서 서술하시기 바
랍니다.

– '프레임'을 응용할 줄 아는 프론트 오피스 전문가

제 1회 자원봉사자채용박람회를 기획했습니다. 50여 개의
NGO단체와 예상방문객 700여 명의 큰 행사였습니다. 문제
는 행사비용이었습니다. 스무 분의 교수님께 1,000위안의 모금

을 부탁했지만 단 두 분만이 응해주셨습니다. 고민 끝에 《프레임》이란 도서에서 읽은, 접근 방법을 달리하자는 의견을 제시했습니다. 30위안의 기부액을 30일간 모금하는 것으로 전환했습니다. 또 하루 한 끼의 작은 선행이 중국의 미래를 바꾼다는 표어도 강조했습니다. 그 결과, 스무 분 중 열여섯 분 참여라는 80%의 성과를 낼 수 있었습니다.

사람은 누구나 선행을 하고 싶어 합니다. 하지만 의지만으로는 부족할 때가 있습니다. 선한 행동을 하게 만드는 '프레임'이 무엇보다 중요하다는 것을 깨달았습니다. 국민 누구나 투자하고 싶어 합니다. '프레임'을 전환해 고객이 KB국민은행에 자산을 예치할 수밖에 없는 환경을 만들고 싶습니다.

산업은행

- 나의 활동(Activities)

1000자, 25줄 이내로 작성해주세요.

: 단체활동, 봉사활동, 동아리활동, 예체능활동(체육, 음악, 미술) 등.

고등학교에 들어오니 다양한 동아리가 있었습니다. 그 중에서도 클라이밍동아리는 저의 호기심을 자극했고, 체력과 참을성은 물론 성취감까지 느낄 수 있다는 것이 굉장히 매력적이었습니다. 저는 대통령기전국등산대회와 청소년스포츠클라이밍대회 등에 출전했습니다. 덕분에 무슨 일을 하더라도 참을성을 가지고 끝까지 한다면 이뤄낼 수 있다는 것을 느낄 수 있었습니다.

클라이밍은 두 사람 이상이 함께하는 운동입니다. 한 사람만 잘한 다고 정상에 오를 수 없습니다. 밑에서 잡아주는 사람과 위에서 길을 만들어가는 사람, 그리고 뒤에서 따라가는 사람 모두 단합해 야 정상에 오를 수 있습니다. 세 사람이 모두 한 줄로 이어져 있기 때문에 한 사람이라도 실수한다면 모두가 위험해질 수 있습니다. 저는 여기서 체력과 더불어 책임감과 협동심을 배울 수 있었습니 다. 여기서 배운 끈기와 체력, 협동심을 바탕으로 어려운 직장생 활에서도 잘 적응할 수 있을 것 같습니다.

· 분석

금융권과 관련된 활동 경험 혹은 봉사활동 경험이 더욱 좋다. 금 융권 역량이 자소서 내에 거의 드러나지 않고 있다.

● 입행 후 계획(Plans after getting the job)

1000자, 25줄 이내로 작성해주세요.

: 입행 후 학업이나 미래에 대한 계획–도전하고 싶은 분야(목표 및 계획)등 입행 후 계획을 작성해주세요.

저의 꿈은 고등학교 졸업생도 대학교 졸업생 못지 않게 일을 잘 할 수 있다는 것을 보여주는 것입니다. 그러기 위해서는 지식과 체력이 밑바탕 되어야 한다고 생각했습니다. 하지만 고졸 출신으로 대학교를 나온 사람들과 지식이 같다고 보기는 어렵다고 여겼습니다.

매주 주말마다 도서관에서 가서 책을 빌리고 서점에 가서 신작 자료들과 베스트셀러, 스테디셀러들을 읽었습니다. 그 결과 2학년 때 학교 독서퀴즈대회에서 동상을 수상하게 되었습니다. 그리고 10년 뒤에는 지금보다 더 산업은행에 지원하는 특성화고 학생이 많아질 것으로 생각합니다.

저는 미래에 산업은행의 특성화고 담당 인사부 부장이 되어 그 학생들을 직접 선발하고 교육하고 싶습니다. 그리고 그 학생들이 저를 특성화고 출신으로 이 회사에 입사한 롤모델로 삼아 이 회사에 더욱 오고 싶게 만드는 사람이 될 것입니다.

〈분석〉

일단 10년 후 계획이 나오기 전에 차근차근 한 단계씩 계획을 밟아 가는 것이 좋다. 본인만의 '직무목표'를 세우고, 그 직무에 대한 목표 성취나 자기계발을 위해 어떤 계획을 가지고 있는지를 구체적으로 언급해야 할 것이다.

08

나만의 자기소개서
만들기

약술형 10원칙

① 자기소개서를 작성하기 전에 반드시 부모님과 자신의 진로에 대해 상의한다. 많은 격려와 도움을 받을 수 있고, 진솔한 자기소개서를 작성하는 데 도움이 된다. 그 결과 자신만의 자기소개서를 작성하는 힘이 생긴다.

② 응시하는 은행의 본점과 대표적인 지점을 방문한다. 이때 인상에 남는 장면은 사진으로 남긴다(바쁘게 출근하는 장면, 삼삼오오 식사하러 가는 장면, 고객과 다투는 장면 또는 감동적인 장면 등). 팁) 은행을 방문할 때는 은행과 지점의 특성을 고려한다. 예컨대, 외환은행은 외환에 강점이 있으므로 본점 영업부(외환부)나 지점의 외환계를 방문해 적은 돈이나마 환전도 해보자. 국민은행

의 경우 소매금융이 강점이므로 남대문지점이나 동대문지점을 방문하면 유익한 경험을 얻을 수 있다. 재일교포는 신한은행에서 많이 환전한다. 시간의 여유가 있으면 인천공항지점이나 김포공항지점을 방문해보자. 신한은행 종로3가점에서는 금을 판매하고 있다. 따라서 이곳을 방문하면 색다른 경험을 할 수 있을 것이다. 남과 다른 경험에서 남과 다른 나만의 자기소개서를 쓸 수 있다. 이때 찍은 사진 한 장에서 많은 아이디어를 얻을 수 있다.

③ 취업포털 사이트에서 대필해 자기소개서를 작성하면 반드시 실패한다. 취업포털 사이트에서 작성한 자기소개서상의 용어나 표현은 쉽게 드러난다.

④ 스터디그룹에서 남의 조언을 받아 작성한 자기소개서도 취업포털 사이트에서 조언 받은 것과 크게 다르지 않다.

⑤ 자신의 스펙이 상대적으로 부족할수록 자신만의 강점을 찾아야 한다. 누구나 자신만의 강점이 있다. 다만 그 장점을 어떻게 살릴 것인가가 관건이다.

⑥ 자신의 단점을 적절히 표현해 '진솔함'을 보여주는 것도 차별화된 자기소개서를 작성하는 요령이 될 수 있다.

⑦ 상경계 전공자는 자신이 전공 관련 지식이 있어 은행업무를 수행할 수 있고, 전문가적 자질이 있다는 점을 강조한다. 이때 상경계 학생이 비상경계 학생에 비해 비교우위에 있지 않다는 점도 잊어서는 안 될 것이다.

⑧ 비상경계 전공자는 비록 상경계 관련 지식은 다소 부족하지만 열린 마음(open mind)으로 고객 중심 사고방식에 근거한 섭외력과 강점을 부각한다. 비상경계 학생이 상경계 학생에 비해 경쟁력이 떨어지지 않는다는 점을 반드시 명심해야 할 것이다.

⑨ 두괄식으로 적절한 소제목을 붙인다. 인사 담당자는 첫 1분으로 합격, 불합격의 감을 느낀다.

⑩ 철저히 교정을 본다. 한 자라고 오자나 탈자가 있으면 불합격한다. 은행원은 고객의 돈을 수탁 받아 적절히 활용하고 만기에는 원금과 이자를 고객에게 돌려주어야 한다. 따라서 작은 실수도 용납하지 않는다.

세부항목 10원칙

① 모든 항목을 진솔하게 작성한다. 신뢰와 원칙이 생명인 은행은 솔직한 인재를 선호한다.

② 좌우명 : 현재 좌우명이 없다고 멋있는 좌우명을 인터넷 등에서 찾으면 안 된다. 평소 중요하게 생각하는 것을 쓰면 된다.

③ 왜(why) 직업으로 은행을 선택했나? : 먼저 은행과 함께 성장하는 프로 금융인이 되겠다는 각오와 의지를 나타낸다. 단순히 안정적인 직장, 급여 등 복지 수준이 좋아서, 정년이 보장되는 직장으로 설명해서는 안 된다.

④ 핵심가치에 중점을 두고 창의적인 사고와 행동을 부각한다(인재상을 알아본다).

⑤ 한두 가지 강점만 부각시킨다. 동시에 극복한 단점도 동시에 적
   는다.

⑥ 평소에 읽은 문학, 철학, 역사의 독후감을 적절히 인용·활용한
   다. 자신이 읽지 않은 인터넷에서 얻은 내용은 적지 않는다. 면
   접 시에 질문이 주어질 때 답변을 할 수 없다.

⑦ 꾸준히 신문을 읽고 현재 중요 이슈가 어떤 것인지도 알아둔다.
   현재는 창조경제, 경제민주화, 일 몰아주기, 갑을관계, 지배구
   조 등이 이슈다.

⑧ 성장과정 : 형제자매의 수, 화목한 가정, 부모님의 직업, 출신학
   교, 장학금 수상 경력 등을 물어보는 것이 아니다. 성장과정에
   있었던 사건들이 현재 나의 모습에 어떻게 영향을 미쳤고, 그것
   들이 은행 지원 동기나 이유에 어떻게 나타나는지를 묻는 것이
   다. 예컨대 어떤 이유로 금융에 관심을 가지게 되었고, 그 동기
   로 동아리활동이나 봉사활동 등에 미친 영향을 쓰면 좋은 포인
   트가 될 수 있다.

⑨ 한자(漢字)나 영어 등 외국어를 적절히 활용한다.
   한자나 외국의 정확한 의미를 알고, 적재적소에 활용하면 좋은
   점수를 얻을 수 있다. 특히 모든 학교에서 어느 정도의 한자능력
   을 요구하고 있다.

⑩ 스토리(story)를 입힌다.
   마네킹과 사람(직원)과의 차이는 무엇일까? 마네킹에는 향기
   (?)나 냄새가 없다. 사람에게는 사람의 향기가 있다. 사람에게

는 향수 냄새도 나지만 땀 냄새도 난다. 만약 소나기라도 만났다면 또 다른 냄새도 난다. 그것이 사람이다. 자신의 진실에 스토리를 입혀야 인사담당자나 다른 사람이 읽는다. 왜냐하면 그것이 내가 남과 다른 점이기 때문이다.

PART 07

자기소개서
사례

01

자기소개서와 면접 모범답안
: 고려대학교 경영학과 학생의 답

1. 자기소개를 해보시오.

– 본인의 전공 및 경력에 기초해 자기소개를 해보시오.

끊임없이 노력하는 것이 삶으로서의 삶이라고 믿는 경영학도 ○○○입니다. 저의 인생은 끊임없는 도전과 노력, 또 달성으로 이루어져 있습니다. 자신의 한계를 발견하면 그를 극복하기 위해서 노력하고, 목표가 생기면 그 목표에 도달하기 위해서 끊임없이 노력하는 게 바로 저입니다.

일례로 소극적인 성격을 고치기 위해서 댄스동아리에 가입해 3년간 무대에서 공연을 하며 자신감을 회복했습니다. 리더로서의 역할을 경험하기 위해 대학교 1학년 때에는 학생 대표를 역임하기도 했습니다. 경영학도로서 사회전반의 흐름에 대해 파악하기 위해서 경제신문을 읽어 왔으며, 금융 실무와 관련된 경험을 쌓기 위해서 한국거래소에서 서포터즈활동도 했습니다. 이렇게 끊임없이 자기 자신을 단련했습니다.

2. 당사 지원 동기는?

금융계에 종사하면서 한국의 워렌 버핏이 되는 것이 저의 오랜 꿈이었습니다. 또한, 모두가 행복한 삶을 사는 데에 있어서 금전적인 요소가 큰 부분을 차지한다고 생각하기 때문에 국민 하나하나가 행복해지는 삶을 만드는 데 기여하고 싶다는 생각에 귀사에 지원하게 되었습니다.

3. 마지막으로 하고 싶은 말이나 질문이 있는가?

꿈이 없이 살아가는 사람은 없습니다. 꿈이 없이 살아가는 사람은 죽은 사람과 다름없습니다. 저는 한동안 죽은 사람처럼 살았으나, 귀사에 입사해 국민행복에 기여하는 사람이 되겠다는 사명을 갖게 된 후로는 삶의 생동감을 얻게 되었습니다. 이렇게 다시 얻은 생동감과 생명력을 다시 잃고 싶진 않습니다. 귀사와 함께 생명력을 날로 더해가고 싶습니다.

4. 우리 회사 외에 어디에 지원했나? 결과는 어떻게 되었는가?

– 다른 회사는 왜 떨어졌다고 생각하는가?
– 여러 곳에 동시에 합격하면 어디에 입사할 계획인가?

여러 곳에 동시에 합격하게 되는 행운이 주어진다면, 저의 사명과 가장 흡사한 미래상을 지닌 기업에 입사할 계획입니다. 비슷한 꿈과 목표를 가지고 있는 기업과 또 구성원이라면 그 목표를 향한 항해가 훨씬 수월하고, 비교적 빨리 목표에 도달할 수 있다고 믿기 때문입니다.

– 취업이 힘든 상황인데 왜 다른 기업에는 지원 안 했는가?
– 지금까지 이력서를 몇 번이나 제출했는가?
– 정말 합격하면 우리 회사에 입사할 계획인가?

귀사의 미래상은 제가 추구해 나가고자 하는 사명과 아주 비슷합니다. 귀사의 미래상을 보고 지원한 것이라 해도 과언이 아니기 때문에, 귀사에 합격하면 귀사의 목표를 향한 항해에 함께하는 선원이 되고자 합니다.

5. 입사하면 어떤 일을 하고 싶은가?

HR 분야 혹은 전략팀에서 근무하고 싶습니다. 어릴 적부터 책상 앞에 앉아서 똑같은 일만 반복하는 것보다는 다른 사람들과 함께 이야기하고 함께 일하는 것을 좋아했던 저의 성격과 특성을 감안하면, HR 분야에서 직원들을 다루거나 전략팀에서 일하는 것이 가장 합당하다 생각합니다.

– 자신의 적성에 비추어 볼 때 어떤 일이 적합하다고 생각하는가?
저는 어릴 적부터 다른 사람들과 함께 일하고, 이야기하는 것을 좋아했습니다. 이런 저의 친화력과 사람을 잘 다루는 기술을 접

목시켜, HR 분야나 고객님들을 직접 상대하는 업무를 맡는 것을 선호하는 바입니다.

6. 당사에 대해 아는 대로 말해보라.

- 우리 회사에 대해 얼마나 많은 것을 알고 있는가?

7. 자신의 취미는?

저의 취미는 '춤'입니다. 대학교에 입학하면서 댄스동아리에 가입해 수차례의 공연을 하면서 자신감도 쌓고 협동심을 기를 수 있었기 때문입니다. 더불어 어느 자리에서든 당당하게 먼저 나서서 분위기를 띄울 수 있기 때문에, 춤이라는 제 취미를 자랑스럽게 말씀드릴 수 있습니다.

- 그 취미가 우리 회사의 지원직무에 어떻게 도움이 된다고 생각하는가?
공연동아리에서는, 특히 댄스동아리에서는 3분의 무대를 만들기 위해서 30시간도 넘는 긴 시간 동안 연습합니다. 그 과정 중에서 하기 싫다는 생각을 할 때도 있고, 또 팀원들과 동작이 맞지 않아 포기하고 싶어질 때도 많지만 그 순간을 극복하고 다시 힘을 합쳐 노력하면 더 멋진 무대를 만들어 낼 수 있습니다.
이 취미를 통해서 제가 얻은 성취감과 끊임없는 노력을 회사에서도 적용하겠습니다. 사내 구성원들과 함께 협동하고 노력해 더 나은 결과를 얻을 수 있음을 확신합니다.

8. 지원 분야와 전공이 안 맞는데 지원한 이유는 무엇인가?

– 비전공이지만 잘 할 수 있다는 근거는 무엇인가?
– 지원직무와 본인의 전공이 어떤 연관성이 있는지 설명해보시오.

저는 학부 시절에 경영학을 본 전공으로 삼고, 이중전공으로 철학을 공부했습니다. 철학이라는 학문은 모든 학문의 시작이고, 모든 세계의 시작이라고 할 수 있습니다. 이런 사회 전체의 기반을 공부하면서 경제·경영학을 공부하는 제 시야도 많이 넓어졌습니다.

9. 자신의 장점(강점)은?

제 장점은 크게 세 가지로 말씀드릴 수 있습니다. 첫째, 다른 사람들과 쉽게 친해질 수 있는 친화력을 갖고 있습니다. 어느 곳에서든 적응을 잘하고 낯선 사람을 봐도 거리낌을 느끼지 않고 먼저 말을 걸어 친해지려고 노력하는 편입니다. 둘째, 한계를 파악하면 바로 고치고자 노력합니다. 앞서 자기소개에서도 말씀드렸던 것처럼 저는 저의 한계가 보이면 그것을 고치기 위해서 어떤 방법을 취해야 하는지 고민하고 또 노력했던 사람입니다.
마지막으로 저는 꿈이 있는 사람입니다. 장기 목표가 있고 그를 성취하기 위한 단기 목표를 세부적으로 나누어 설정해두었기 때문에 건강한 삶을 살고 있다고 확신합니다.

– 그 강점이 지원 분야에 어떻게 도움이 된다고 생각하는가?

친화력과 자기개선능력, 목표 설정이라는 세 가지 강점은 어느 분야에서든 빛을 발한다고 확신합니다. 특히 이는 고등학교 3학년 시절 대학입시를 준비할 때에 가장 크게 느꼈습니다. 수험생 생활이 힘든 와중에도 친구들과 사이좋게 지내며 입시를 준비하고, 또 부족한 점들을 개선하기 위해서 다섯 시간 동안 한 과목에 집중했던 적도 있습니다.

이런 저의 강점이 향후 HR팀이나 전략팀에서 일한다면 팀 내의 화목한 분위기를 만들 수 있을 뿐만 아니라, 스스로 끊임없이 노력해서 성과를 개선하고자 할 것이라 생각합니다. 그 결과 팀과 회사 전체가 원하는 목표에도 도달할 수 있으리라 확신합니다.

– 자신의 강점 3가지를 말해보시오.

저의 강점은 앞서 말씀드린 것처럼 친화력과 자기개선능력, 그리고 세분화된 목표 설정입니다.

– 자신이 가장 어필할 수 있는 것은 무엇인가?

제가 가장 어필할 수 있는 것은 '세분화된 목표 설정'입니다. 삶 전체를 아우르는 거시적인 목표를 가지고 있을 뿐만 아니라, 세부적으로 이루고자 하는 작은 목표들을 가지고 있기 때문에 이러한 목표들을 이루기 위한 구체적인 방안들도 몇 가지 갖고 있습니다. 이런 목표들이 있기 때문에 자신감을 갖고 매사에 임할 수 있습니다.

– 어떤 동아리이며, 가입한 이유는 무엇인가?

저는 대학교 시절 댄스동아리에서 활동했습니다. 자신감 없고 소극적이었던 제 모습을 고치고 싶었던 것이 가장 큰 이유였습니다.

– 동아리에서 본인이 맡은 역할은 무엇인가?

동아리 내에서 저는 안무를 직접 익혀서 친구들과 후배들에게 가르쳐주고 동작을 맞추는 중심 역할을 했습니다. 안무를 익히기 위해서 똑같은 안무 영상을 가감 없이 100번 정도 반복해서 본 적도 있고, 친구들의 안무를 고쳐주기 위해서 그 친구들이 춤추는 영상도 수차례 반복해서 보고 고쳐주었습니다. 또한, 동아리 내 선배들과의 연락 및 교우회 선배님들과의 연락을 담당해 동아리 내외의 친밀을 향상시키기 위해 노력했습니다.

– 동아리활동을 통해 얻은 것과 잃은 것이 있다면 무엇인가?

동아리활동을 통해서 자신감과 유연하고 건강한 신체를 얻게 되었습니다. 더불어 동아리를 통해서 좋은 선후배와 동기들을 만나게 되어서 차츰 성장할 수 있는 건강한 대학생활을 했습니다. 반면, 동아리활동 때문에 집에 자주 가지 못했기 때문에 그로 인해 가족들과 잠깐 소원해진 적이 있어서 그 점이 아쉽습니다.

– 그 특기를 어떻게 배웠는가?

저의 특기 역시 취미와 같은 춤이고, 이 특기 역시 동아리활동을 통해서 얻게 되었습니다.

12. 인생에서 힘들었거나 어려웠던 점은?

금전적인 요소 때문에 자신감이 없었던 학창시절을 보낸 것이 가장 어려웠습니다. 지금 생각해보면 나쁜 것이 아닌데, 어릴 적에는 금전적인 요소들 때문에 괜히 소극적이고 나약한 삶을 살았습니다.

– 어떻게 극복했는가?

생각을 바꾸는 계기가 생겼습니다. 수험생 시절 자기계발서적과 심리학 관련 서적에 관심이 많이 생겼습니다. 그때 많은 책들을 읽으면서 모든 게 자기 마음먹기에 달렸다는 것을 깨닫게 되었습니다. 이 전에는 '~ 때문에' 라는 핑계를 대곤 했지만, '그럼에도 불구하고'라는 생각과 마음가짐으로 매사에 임하며 극복했습니다.

– 가장 좌절했거나 방황했던 경험이 있는가?

대학교 2학년 시절에 가장 심한 좌절감과 상실감을 느꼈던 것 같

습니다. 고등학교 시절에는 남들이 뭐래도 굴복하지 않는 부동
의 1등 플레이어였는데 대학에 입학해 많은 사람들을 만나게 되
면서 제가 하찮은 사람 같다고 느낀 적이 많았습니다.

13. 자신을 채용해야 하는 이유는?

– 우리가 귀하의 어떤 점을 보고 채용해야 한다고 생각하는가?

앞서 저는 저의 장점에 대해서 말씀드린 적이 있습니다. 친화력
과 자기개선능력, 그리고 목표가 많은 사람이기 때문에 이 세 가
지 장점이 귀사를 만나면 더 좋은 효과를 낼 수 있으리라 확신합
니다.

– 본인이 우리 회사에서 합격해야 하는 이유가 무엇인가?

귀사가 목표로 삼고 있는 미래상과 제가 목표로 하는, 제 나름대
로의 인생 정답이 흡사합니다. 같은 목표를 보고 함께 나아간다
면 저와 기업 모두가 성장할 수 있는 좋은 기회가 될 것이라 확
신합니다.

– 본인이 우리 회사에 왜 적합하다고 생각하는가?

저는 카멜레온 같은 사람입니다. 상대방이 원하는 방법대로 색
깔을 바꿀 수 있지만, 그러면서도 본연의 모습은 잃지 않는 게
저의 특징이라고 할 수 있습니다. 기업이 원하는 방법, 추구해
나가고자 하는 목표에 걸맞게 변화하면서 제 본연의 모습은 잃지

않으며 성실하게 임하는 것이 귀사에 아주 적합하다고 판단합니다.

14. 졸업 후 지금까지 무엇을 했는가? 왜 취업을 못했다고 생각하는가?

– 왜 아직 취업을 못했다고 생각하는가?

15. 성격 장단점은?

저의 장점은 그 누구와도 친하게 지낼 수 있다는 점입니다. 이 친화력을 통해서 수많은 친구들을 사귀었고, 많은 사람들을 만나면서 저를 성장시킬 수 있는 계기로 삼을 수 있었습니다. 반면 저의 단점은 오지랖이 넓다는 점입니다. 다른 사람늘이 하는 일에 관심이 많고, 다른 사람의 고민도 제 고민처럼 삼기 때문에 남들보다 고민의 무게가 많이 나가는 점이 단점입니다.

– 성격의 장단점을 극복하기 위해 어떤 노력을 했는지 말해보시오.

성격의 단점을 극복하기 위해서 오지랖의 의미를 생각해봤습니다. 오지랖이라 함은 쓸데없이 다른 사람의 일에 참견하는 것을 뜻합니다. 그래서 오지랖이라고 여겨지지 않을 범위 내에서 다른 사람들의 고민을 들어주고 경청하는 것을 제 나름대로 성격의 단점을 극복하기 위해 노력했던 방안입니다.

16. 자신의 봉사활동에 대해 말해보라.

초록우산 어린이재단에서 하는 사랑의 리퀘스트 봉사활동을 했습니다. 일주일에 한 번 토요일마다 초록우산 어린이재단에서 사랑의 리퀘스트 전화를 받으면서 시청자들의 모금을 독려하는 봉사활동이었습니다.

– 왜 하게 되었으며, 무엇을 느꼈는가?

어릴 적부터 사랑의 리퀘스트 프로그램을 보면서 나보다 열악한 상황에서도 희망을 잃지 않고 살아가는 사람들이 많다는 것을 깨닫고 열심히 살아가게 되었습니다. 이렇게 저에게 또 다른 배움의 기회가 되었던 사랑의 리퀘스트에 봉사활동으로 참여할 수 있는 기회가 있음을 알게 되었기에 이 봉사활동에 참여하게 되었습니다.

이 활동에 참여하면서 나보다 어렵게 살아가는 사람들이지만 희망을 잃지 않는 것을 보고 일주일 간 삶의 활력을 찾게 되었고, 또 세상에는 아직 이런 사람들에게 사랑의 손길을 내밀어 주는 사람들이 많다는 것도 깨닫게 되었습니다.

– 봉사활동을 왜 한 번도 하지 않았나?

17. 지원 분야에서 자신의 강점은?

상대를 편안하게 만들 수 있는 게 제 강점이라고 생각합니다.

– 지원직무의 기술적인 면에서 내세울 수 있는 것은?

HR 분야에 대해서는 학부 시절 많은 수업을 들었고 또 그와 관련된 활동들도 많이 했기 때문에 잘 할 수 있다고 말씀드릴 수 있습니다(HR 분야는 구체적으로 입증할만한 기술을 제안하는 게 어렵다고 생각합니다).

– 지원 분야에 자신이 왜 적합하다고 생각하는가?

앞서 말씀드린 제 성격의 장점을 보시면 아실 수 있는 것처럼, 사람들과 함께 일하고 사람을 다루는 것을 좋아하고 잘하기 때문에 적합하다고 생각합니다.

– 희망직무를 잘할 수 있는 특별한 능력이 있는가?

앞서 말씀드린 제 성격이 이를 증명할 수 있는 탁월한 능력이라고 생각합니다.

18. 생활신조 및 좌우명은?

'R=VD'입니다. 선명하고 강렬한 목표와 꿈이 있다면 반드시 실현된다는 게 이 공식의 주 내용입니다. 저는 이를 고등학교 시절부터 제 생활신조 및 좌우명으로 삼고 있습니다.

– 그 좌우명대로 행동했던 경험이 있다면 말해보시오.

매사에 이 좌우명대로 임하고 있습니다. 인생의 장기적인 목표를 세우고, 또 그 목표를 실현하기 위해 노력하는 것이 익숙합니다.

상사와의 갈등은 피할 수 없는 문제라고 생각합니다. 오랜 직장 생활을 통해서 얻은 노하우와 아직 사회에 첫발을 내딛는 제가 제안하는 답은 분명 다를 수 있습니다. 그럴 때에는 여러 사람들의 의견을 들어보고 좀 더 나은 방안을 고르는 것이 제일 좋을 것 같습니다.

– 답변대로 노력해도 해결이 안 된다면 어떻게 할 것인가?

끊임없는 대화로 문제가 해결되지 않는다면 그건 반드시 둘 중 한 명의 성격상 문제에 기반을 둔 것이라고 생각합니다. 서로가 자신의 잘못이나 허점을 인정하지 않고 우긴다면 그 관계뿐만 아니라 회사도 성장하기 어렵습니다. 둘만의 노력으로 문제가 해결이 되지 않는다면 더 많은 사람들과 함께 해당 문제를 고민해봐야 합니다.

– 상사나 선배가 계속 본인을 질책하거나, 성격에 맞지 않는다면 어떻게 할 것인가?

상사나 선배가 일방적으로 사적인 감정으로 저를 질책한다면 이는 분명 문제가 있는 것입니다. 저는 이런 상황이 생긴다면 사내에 바로 고발해서 고치고자 할 것입니다. 이런 문제를 쉬쉬하다가 제 2의 피해자가 나타날 수도 있기 때문입니다.

- 선배 사원이 무조건 자신의 의견에 맞출 것을 강요한다면 어떻게 할 것인가?

선배 사원의 의견이 항상 옳은 것은 아닙니다. 일방적으로 자신의 의견만 옳으니 내 의견만 따르라고 하는 것은 위선입니다. 이에 거부해 선배의 의견의 허점을 지적하며 선배의 의견과 그를 따르라고 강요하는 것은 바람직하지 않다는 것을 일깨워드릴 것입니다.

20. 지원한 직무가 갖추어야 할 요건은?

- 희망직무를 잘 하려면 어떤 조건이 필요하다고 생각하는가?
- 지원 분야에 꼭 필요한 3가지는 무엇이라고 생각하는가?

21. 일이 힘들고 야근이 많은데 가능한가?

세상에 쉬운 일은 없습니다. 일이 힘들고 야근이 많다는 것은 바꿔 말하면 제가 일적으로 성장하고 배울 수 있는 기회가 많은 것이라 생각하고 성실히 임할 것입니다.

- 지원한 분야가 야근, 휴일근로가 많고 힘든 직종인데 체력에 자신이 있는가?

체력적인 측면에서는 누구에게도 뒤지지 않기 때문에 잘 해낼 수 있습니다.

- 이 일을 하다보면 회의감이 들 수 있는데 어떻게 극복할 생각인가?

사측에서 말씀하시는 '회의감'이 어떤 것인지 잘 모르겠습니다. 만약 일적으로 건강하지 못한 일이라 거기서 느껴지는 회의감이라면 당장 회사를 그만두겠습니다. 건강하지 않고 비리나 불건전으로 가득 찬 회사에서는 일할 수 없기 때문입니다.

22. 학창시절 기억에 남는 것은?

– 학창시절 특별한 경험이 있다면 말해보시오.

합창대회에서 1등을 했던 것이 기억이 납니다. 당시 무난하게 아무 곡이나 대충 하자던 친구들의 의견을 무릅쓰고 어려운 4중창을 하자고 주장해서 친구들의 반발을 많이 사기도 했습니다. 그러나 그로 인해 친구들과 오히려 더 협동하고 노력하게 되었으며 마침내 1등을 거머쥐게 되었기 때문입니다.

23. 지원 분야와 전공과의 연관성은 무엇이고, 어떻게 도움이 된다고 생각하는가?

– 희망직무에 본인의 전공이 어떻게 도움이 된다고 생각하는가?

24. 자신의 별명은?

– 왜 그렇게 불렸다고 생각하는가?

제 별명은 꽃사슴, 인간 비타민입니다. 꽃사슴이란 별명은 제가 붙인 것입니다. 대학생활 초반에 400여 명이나 되는 학과 동기들이 나를 기억하게 할 수 있는 방법이 무엇일까 하며 고민했던 것이 저만의 별명을 만드는 것이었는데, 그 고민 끝에 나온 것이 '꽃사슴'이었습니다. 그 후로 모든 선·후배동기들이 저를 경영대 꽃사슴이라 불렀던 것이 기억납니다.

또 하나의 별명은 인간 비타민입니다. 이는 제가 과거 박지성 선수의 팬일 때부터 비타민 같은 사람이 돼서 민인에게 에너지를 주어야겠다는 생각으로 만든 별명입니다. 대학에 와서는 친구들이 힘들어할 때 마다 고민을 상담해주고 이야기를 나누면서 친구들이 저에게 비타민 같다는 별명을 붙여주곤 했습니다.

25. FTA에 대한 견해는?

– 한미 FTA에 대한 본인의 견해는 무엇이고, 그 해결책은 무엇이라고 생각하는가?

모든 계약에는 일장일단이 있습니다. 한 면만 보는 것은 바람직한 것이 아닙니다. 저는 FTA의 내용을 통해서 단점보다는 장점을 많이 보았습니다. 이 교역을 통해서 우리가 농산물 분야 등 잃는 것도 있지만, 얻을 수 있는 기회나 성장동력이 될 수 있다고 생각하기 때문입니다.

26. 자신이 회사에 기여할 수 있는 것은?

– 본인이 우리 회사에 어떻게 도움이 될 수 있다고 생각하는가?
– 우리 회사에서 본인이 할 수 있는 일은 무엇이라 생각하는가?
– 본인을 채용하면 우리 회사가 얻는 이익은 무엇이라고 생각하는가?
– 본인의 어떤 능력이 우리 회사에서 도움이 될 것인가?

27. 성취감을 느낀 일을 말해보라.

- 그 성과는 어떠했으며, 어떻게 수행했는지 말해보시오.
- 목표를 세워 달성한 경험을 말해보시오.
- 지금까지 무엇인가 이뤄냈다고 자신하고 있는 것은 무엇인가?
- 열심히 해서 인정받은 경험이 있다면 말해보시오.

동아리활동을 통해서 얻은 성취감이 제가 이제껏 살면서 얻었던 성취감 중 가장 짜릿한 것이라 말씀드릴 수 있습니다. 머리가 아니라 몸으로 하는, 춤을 통해서 상대방과 하나의 몸처럼 춤을 추고 또 동작을 맞추는 과정이 재미있었고, 또 그를 통해 협동심을 기를 수 있었기 때문입니다.

28. 상사와 의견이 다를 때 어떻게 대처할 것인가?

- 상사와 의견충돌이 있을 경우 어떻게 대처할 것인가?

29. 중요한 약속 때문에 야근을 해야 된다면?

회사에 사정을 말씀드리고 야근을 하지 않겠습니다. 만약 그 중요한 약속이 제 인생에 중요한 영향을 끼칠 약속이라면 야근을 하진 않겠지만, 그렇지 않은 경우라면 야근을 하겠습니다.

- 애인과 약속이 있는데 급한 회사일이 발생했을 경우 어떻게 할 것인가?
애인이 없기 때문에 회사 일을 계속할 것 같습니다.

– 공적인 일과 사적인 일이 동시에 발생한다면 무엇을 선택할 것인가?

공적인 일과 사적인 일이 둘 다 중요하지만, 제가 있어야만 제가 있는 사회도 존재하기 때문에 사적인 일을 먼저 해결하겠습니다. 성격상 사적인 문제가 해결되지 않으면 공적인 문제에 집중할 수 없기 때문입니다.

30. 직장생활에서 중요한 것은 무엇이라고 생각하는가?

협동심입니다. 또 배려입니다. 협동하고 배려하는 것이 모든 사회생활의 기반이라고 생각합니다.

31. 리더 경험이 있는가?

– 리더십을 발휘해본 경험이 있다면 말해보시오.

대학교 새내기 시절 학과 학생대표로서 활동했던 경험이 있습니다. 당시 학교축제 및 엠티 등 다양한 과내 행사를 주최했던 경험이 있습니다.

32. 지원 분야에서 중요한 것은 무엇인가?

– 희망직무에서 가장 중요한 것은 무엇이라고 생각하는가?

33. 당사 제품(상품, 서비스)을 이용해본 적 있나?

34. 창의력을 발휘한 경험은?

- 그 생각을 하게 된 계기는 무엇인가?
- 그것에 대한 주위의 반응은 어떠했는가?
- 어떠한 일을 창의적으로 개선해본 경험이 있는가?
- 본인이 창의적이라고 생각하는가? 그 이유는 무엇인가?

35. 복수전공을 한 이유는?

- 어떠한 목표를 가지고 복수전공을 선택했는가?

저는 철학을 이중전공을 했습니다. 그러한 선택을 한 이유는 철학이라는 학문 자체의 매력 때문입니다. 철학이라는 학문은 모든 학문의 근원이며, 크게 보면 모든 세계의 근원이자 시작이기 때문입니다. 이렇게 모든 것의 근원이자 시초로서의 철학을 공부함으로써 제가 본 전공으로 삼고 있는 경영학에 대한 새로운 안목도 가질 수 있게 되었습니다.

36. 살면서 기뻤던 일과 슬펐던 일은?

살면서 가장 기뻤던 것은 제가 원하던 것을 성취했을 때입니다. 특히, 대학교에 합격했다는 연락을 받았을 때가 가장 기뻤습니다. 반면, 가장 슬펐던 일은 할머니께서 돌아가셨을 때입니다. 대학 면접을 보던 그 시간에 할머니께서 돌아가셔서 그 때문에 부모님께서 할머니의 임종을 지키지 못하셨기 때문입니다. 저를 누구보다 아끼고 사랑해주셨던 할머니, 그리고 그런 할머니의 임종을 제 욕심 때문에 부모님께서 지키지 못하셨던 것이 마음

에 남아 할머니께서 돌아가셨던 일이 제 삶에서 가장 슬픈 기억
입니다.

37. 신문은 어느 면부터 읽나요?

– 신문의 어느 면을 가장 관심가지고 읽는 편인가?

신문을 읽으면 1면부터 먼저 읽고, 사설을 읽고, 경제 부분의 기
사를 읽습니다. 그렇게 신문을 읽는 이유는 1면에 하루 동안에
있었던 일 중 가장 중요한 기사가 게재되어있기 때문입니다. 그
다음엔 사설을 읽는 이유는 1면에 중요하게 언급된 사건에 대한
지식인들의 의견, 견해를 들을 수 있기 때문입니다. 또한 제가
관심을 갖고 있고 종사하고자 하는 경제적 측면에 관련된 기사
를 주의 깊게 읽고 있습니다.

38. 로또에 당첨된다면 그 금액을 어떻게 사용할 것인가?

로또에 당첨된다면 가장 먼저 부모님의 부채를 해결하는 데 쓰
고 싶습니다. 그 다음에 남는 금액으로는 추후에 남은 두 동생이
대학에 가는 학비를 마련을 하고, 남은 돈을 저축해두었다가 제
가 시장 선거에 출마할 때 밑천으로 쓸 계획입니다.

39. 리더십을 발휘한 경험을 말해보라.

40. 돈을 주웠다면 어떻게 할 것인가?

– 10만 원을 주었다면?

비교적 적은 돈이지만, 이 돈의 주인에게는 1,000만 원의 가치를 지닌 돈일 수도 있기 때문에 경찰서에 맡기고 연락을 기다리겠습니다.

– 100만 원을 주었다면?

공짜로 주운 돈을 그대로 가져가는 것은 양심에 위배됩니다. 앞서 10만 원의 예시에서 든 것처럼 누군가에겐 이 100만 원이 단순한 100만 원이 아닐 수 있기 때문에 경찰서에 전해주겠습니다.

– 1,000만 원을 주었다면?

저는 이 돈을 길을 가다 주웠지만, 1,000만 원을 모으기 위해서 이 돈을 잃은 사람은 얼마나 많은 노력과 수고를 기울였겠습니까? 그렇기 때문에 1,000만 원 역시 경찰서에 전달해 주인을 찾도록 돕겠습니다.

41. 당사가 성장 및 발전하려면 어떻게 해야 하는가?

– 우리 회사의 발전을 위해 지금 가장 시급한 것은 무엇이라 생각하는가?

귀사가 성장하기 위해서는 귀사의 미래상과 목표를 기업의 구성원들과 공유해야 한다고 생각합니다. 기업만이 목표를 설정하고 그 미래를 향해 나아가고자 하고, 반대로 구성원들은 그런 목표를 무시한다면 함께 성장·발전할 수 없습니다.

42. 건강은 어떤 편인가?

태어나서 단 한 번도 입원이나 수술을 해본 적 없습니다. 시골에서 태어나서 면역력이 좋아서 그런지는 모르겠으나, 잔병치레도 없고 아주 건강한 편입니다.

43. 팀활동에서 갈등을 해결한 경험은?

– 팀원으로 활동을 하거나 프로젝트를 진행해보며 팀 내 갈등(마찰, 불화)을 해결해본 경험이 있는가?

팀활동을 하면 매번 팀 갈등이 생길 수밖에 없다고 생각합니다. 예를 들어 팀 내에 여섯 명의 구성원이 있다고 가정한다면, 그 구성원 모두가 다른 생각을 가지고 있을 것입니다. 또 다른 성향을 갖고 있기 때문에 하나의 결과물을 내야 하는 팀 프로젝트에서 갈등이 생기는 것은 당연한 것입니다.

저는 경영학과에서 수업을 듣고 공부를 하면서 다양한 활동을 해봤는데, 가장 기억에 남는 갈등 해결 경험은 외국인 학생들과 함께했던 리더십 수업이었습니다. 아무리 영어를 잘한다고 해도 구성원 모두가 영어를 능숙하게 할 수 있는 것도 아니고, 외국인 학생들이 솔직하고 직설적인 성격을 지니고 있기 때문에 그런 점에서 팀활동을 진행하기가 어려웠습니다.

그러나 오히려 숨기고 감추고 괜찮은 척 하는 한국인들의 정서

보다 솔직하게 자기 의견을 개진하는 외국인 친구들의 모습이 멋있었습니다. 또 좋은 결과를 내기에 더 합당하다고 생각했기 때문에 그 친구들처럼 생각하고 조금 더 배려하고 양보했더니 좋은 결과를 낼 수 있었습니다.

44. 학생운동에 대한 견해는?

– 학생시위운동을 해본 경험이 있는가?
– 학생들의 현실 참여에 대해 어떻게 생각하는가?

저의 아버지께서 제가 대학에 입학할 무렵부터 늘 하시던 말씀이 있습니다. 대학생은 시대의 지성이라는 이야기입니다. 요즘의 대학생들은 시대의 문제에 관심을 가지기보다는, 스펙, 외모 등 시대적 문제와는 다소 떨어진 것들을 고민하고 중요시한다고 생각합니다. 그런 모습들 보다는 현실에 문제가 있다고 여겨질 때에는 심사숙고한 후에 자신의 의견을 개진하고 시대의 반성을 촉구하는 시발점이 되어야 한다고 생각합니다.

45. 열정을 가지고 한 일은?

– 최근에 가장 열정을 가지고 진행했던 일은 무엇이 있는가?

이번 학기 학교생활이 제가 열정을 가지고 한 일이라고 생각합니다. 학교생활의 절반을 동아리활동이나 과내활동 등 외부활동에만 집중하고 학생 본연의 의무인 공부는 소홀히했던 과거를 반성하게 되었습니다. 그러면서 동아리활동과 대내외활동, 봉사활동, 그리고 공부의 밸런스를 맞추고자 노력했습니다. 그 결과 동아리 공연도 성공적으로 마치고 과내활동도 성실하게 참여했습니다. 대외활동도 성공적으로 마무리 하고, 학교에 다니면서 가장 좋은 학점도 얻게 되었습니다.

46. 돈, 명예, 일 중 중요한 것은 무엇이고 그 이유를 들어본다면?

– 돈, 사랑, 일 중 하나만 선택하라면 무엇을 택할 것이며, 그 이유는 무엇인가?

돈, 명예, 사랑, 일 중에서 하나만 선택하라고 한다면 저는 일을 선택하겠습니다. 제가 하고 싶고 좋아하는 일을 하게 된다면 자연히 돈도 얻게 될 것이고, 그 분야의 전문가가 되면 명예도 따라올 것이기 때문입니다. 그렇게 제 할일을 열심히 하고 자본도 어느 정도 모으고, 명예도 쌓으면 제가 원하는 사람과의 사랑도 문제없이 진행될 것이라 생각합니다.

47. 최근 자신의 관심사항은?

– 현재 취업 외에 가장 관심을 가지고 있는 사항은 무엇인가?

연애에 대해서 가장 많은 관심을 가지고 있습니다. 아무래도 가장 젊고 예쁠 나이대가 지금이기 때문에, 지금처럼 가장 예쁘고 아름다운 나이대의 추억을 함께 쌓을 수 있는 남자친구가 필요하다고 생각하기 때문입니다. 특히, 취업 등 미래에 대해서 준비

를 하면서 힘들 때마다 함께 다독여주고 응원해주는 남자친구가
있다면 힘든 시기도 잘 극복해 나갈 수 있다고 생각합니다.

48. 조직생활에서 중요한 것은?

49. 고객이 불합리한 요구를 한다면?

– 말이 통하지 않는 고객을 응대해야 한다면 어떻게 대처할 것인가?

불합리한 요구를 하시는 고객님께는 당당하게 '이는 정당한 요구
가 아니기 때문에 고객님의 요구를 들어드릴 수 없다'고 말씀 드
릴 것입니다. 그 한 명의 고객님이 요구하시는 그 불합리한 요구
때문에 기업 전체의 몰락을 불러일으킬 수 없기 때문입니다. 또
한, 말이 통하지 않는 고객을 응대해야 한다면 다정하게 다가가
서 이해시키도록 하겠습니다. 저는 경청할 수 있다는 능력을 갖
고 있기 때문에 말이 통하지 않는 고객님도 친절하게 대할 수 있
습니다.

50. 고객감동이란 무엇이라고 생각하는가?

고객감동이란 고객이 원하는 것을 기업에서 얻어갈 때에, 또 그
과정을 통해서 기업이 고객에게 신뢰를 얻게 된다면 그것이 바
로 고객감동의 실현이라고 생각합니다.

51. 부모님이 결혼상대자를 반대한다면 어떻게 설득할 것인가?

저의 부모님은 제가 하는 선택은 한 번도 잘못된 적이 없다며 늘 저의 선택을 지지해주시곤 합니다. 그러나 만약 결혼상대를 부모님께서 반대하신다면 그 결혼을 포기할 의향이 있습니다. 부모님께서 반대하시는 데에는 반드시 이유가 있을 것이고, 그러한 반대를 무릅쓰고 결혼해서 행복하게 살 수 있다는 보장도 없기 때문입니다.

52. 고객이 이유 없이 화부터 낸다면 어떻게 대처할 것인가?

이유 없이 화내는 고객님께도 친절한 모습으로 응대해야 합니다. 옛 격언 중에 웃는 얼굴에 침 뱉으랴 라는 말이 있습니다. 제가 친절하고 상냥하게 고객님을 대한다면 고객님도 막연한 화를 풀고 이성을 찾으리라 생각합니다.

53. 〈서비스〉 고객이 선물을 주면 받을 생각인가?

선물의 크기에 따라 결정될 것 같습니다. 고객님께서 감사의 의미로 주신 선물치고는 과하게 느껴지는 선물이라면 마음만 받겠다고 하며 돌려드릴 것이고, 정성과 성의가 들어있는 선물이라면 거절하지 않고 받겠습니다. 후에 고객님께 이에 상응하는 조금의 성의도 표시하도록 할 것입니다.

54. 팀 또는 팀워크에서 중요한 요소는 무엇이라 생각하는가?

55. 최상의 고객서비스란 무엇이라고 생각하는가?

고객감동을 실현하는 서비스라고 생각합니다.

56. 〈은행〉 친구가 대출을 해달라고 한다면 어떻게 할 것인가?

– 사랑하는 애인이 신용 상태가 좋지 않거나, 자격이 안 되는데 대출을 해 달라고 하면 어떻게 할 것인가?

아무리 제 오랜 친구고 사랑하는 애인이라고 해도, 신용 상태가 좋지 않거나 자격이 되지 않는다면 대출을 해줄 수 없습니다. 한 두 명의 편의를 봐주면 계속해서 편의를 봐주어야 할 것입니다. 그렇게 하면 결국 기업 자체에 문제가 될뿐 아니라, 사회 전체에 악순환을 초래할 수 있다고 생각하기 때문입니다.

57. 〈자금〉 자산운용시장의 미래상에 대해 말하시오.

자산운용시장에 대한 이해가 충분하지 않기 때문에 조금 더 공부해본 후에 이 질문을 답해보도록 하겠습니다.

58. 〈자금〉 채권시장의 문제점은 무엇이라 생각하는가?

: 채권시장에 대한 충분한 공부가 되어 있지 않습니다. 앞으로 조금 더 공부한 후에 이 질문에 대해 답하도록 하겠습니다.

59. 〈은행〉 당행의 생존 전략에 대해 논하시오.

– 여러 은행 중 우리 은행이 살아남을 수 있는 방안을 제시해 보시오.

우리 기업의 매력, 고객님들이 기억할 수 있는 강한 인상을 남기는 것이 좋다고 생각합니다. 아무래도 은행은 고객이 없으면 존재할 수 없기 때문입니다. 고객님들이 계속해서 찾을 수 있는 기업으로 이미지를 개선시키고 그런 이미지를 고객님들께 각인시킨다면 우리 기업이 경쟁 속에서 살아남을 수 있다고 생각합니다.

60. 〈은행〉 대기번호를 무시하는 고객이 있다면 어떻게 할 것인가?

대기번호표는 하나의 규칙입니다. 이런 규칙을 무시하고 새치기를 하거나 문제 삼으시는 고객님께는 이러한 행동이 잘못된 것이라고 타일러서 대기번호를 받도록 해드려야 합니다.

– 어떤 할아버지가 번호표 없이 먼저 처리해달라고 하는데 앞 번호 대기 고객이 이에 대해 화를 내고 있는 상황이라면 어떻게 대처할 것인가?

먼저 할아버지께 번호표가 없으면 처리해드릴 수 없다고 다정하게 말씀드릴 것입니다. 그래도 우기신다면 계속해서 말씀드려서 이 점을 고쳐드릴 것입니다. 후에 앞 번호 대기고객님께서 화를 내신다면, 고객님께 한 번 양해를 구해보고 안 된다고 하시면 본 순서대로 진행해야 한다고 생각합니다.

61. 기회비용에 대해 설명해보시오.

기회비용은 여러 선택방안 중에서 한 가지를 선택했을 때 포기한 대안 가운데 가장 좋은 한 가지의 가치를 뜻합니다.

62. 〈회계·텔러·판매〉 정산 시 돈이 부족하다면 어떻게 할 것인가?

– 일일정산 또는 월말정산을 하는데 돈이 부족하다면 어떻게 처리할 것인가?

이런 문제가 생긴다면 스스로 원인을 찾아봄과 동시에 상사에게 말씀드릴 것입니다. 또한 기록들을 다시 한 번 살펴보면서 부족한 부분이 어디서 발생했는지를 찾을 것입니다. 그 단서를 찾는다면 부족한 부분에 대해서 메꿀 수 있을 것입니다. 만약 그렇지 못한 상황이라면, 또 그 책임자가 저라면, 제가 책임져야 하는 몫이라고 생각합니다.

*알아두자: 정산한 돈이 맞지 않는다고 해도 개인이 책임지는 것이 아니라 은행 내규에 따라 처리하는 것이 정답이다.

63. 우리 회사 지점이 몇 개인가?

64. 처음 만나는 사람과의 어색함을 어떻게 해결하는가?

일상적인 대화를 하면서 어색함을 푸는 편입니다. 예를 들어, 오늘 날씨 참 좋죠? 등과 같이 상대방이 거부감을 느끼지 않을 만한 질문들을 하면서 마음을 편안하게 한 후에 다가가는 편입니다.

65. 사랑과 우정에 대한 견해는?

삶을 사는 데에 있어서 의식주 외에도 꼭 필요한 요소라고 생각합니다. 사랑과 우정이 없다면 과거의 힘든 기억과 경험들을 극복하는 데에도 어려움을 겪었을 것이고, 혼자서는 그 어떤 일도 해낼 수 없기 때문입니다. 인간은 사회적 동물이기 때문입니다.

66. 회사가 실적 저조로 분위기가 침체되어 있다면 본인은 어떻게 행동할 것인가?

'Tipping point'라는 말이 있습니다. 지금 잠시 실적이 저조 되어 분위기가 침체되어 있다고는 하지만, 이런 저조한 분위기가 계속되지도 않을 것이고, 우리는 반드시 이 위기를 극복할 수 있다는 진취적인 자세를 구성원들에게 심어준다면 우리는 이런 분위기도 극복할 수 있습니다. 더 나아가 현재의 위기상황도 극복할 수 있다고 생각합니다.

67. 〈은행〉 동전 세는 일을 시키더라도 성실히 수행할 수 있는가?

동전 세는 일이 한 번도 쓸데없거나 부질없는 일이라고 생각하지 않았습니다. 동전은 모든 화폐의 기본이자 시작이기 때문입니다. 또한 어떻게 보면 동전 세는 단순한 일이 몸은 조금 고될지 모르나, 정신적으로 받는 스트레스는 상대적으로 덜할 것이기 때문에 최대한 좋게 생각하며 성실히 수행할 것입니다.

68. 〈금융〉 PF란 무엇인가?

PF는 '프로젝트 파이낸싱(Project Financing)'의 약자로, 어떤 사업에 필요한 자금을 조달하는 것이라고 알고 있습니다.

69. 실력과 운 중에서 운이 더 중요하다고 생각하는 것인가?

실력이 중요합니다. 운이 좋아서 성공한다고 해도 그 운이 오래 가지 않기 때문입니다. 운은 오래가지 않아서 무너집니다. 반면 실력은 운이 비록 좋지 않아 그 빛을 발하지 못한다고 하더라도 언젠가는 그 실력이 빛을 발하는 날이 오고, 그 실력은 절대 무너지지 않기 때문입니다.

70. 당신에게 1,000만 원이 있다고 하자, 주식과 예금에 각각 투자하는 비율을 설정하고 그 근거를 말해보라.

경기에 따라 다를 것 같습니다. 예금에 투자하는 것이 훨씬 안정적이고 낫다 판단된다면 50:50으로 비중을 둔다는 기본 가정 하에서 조금 더 예금의 비중을 늘릴 것입니다. 이에 반대되는 시황이라면 주식에 더 많은 비중을 둘 것입니다. 그래도 기본적으로 50:50의 비중 중심으로 유지하는 밸런스는 유지할 것입니다.

72. 최근에 읽은 인문학 책은?

니체의 《짜라두스트라는 이렇게 말했다》입니다. 그 전에는 경제학 관련 도서나 자기계발서를 중심으로 책을 읽곤 했는데, 이중 전공을 하면서 철학에 관심이 생겼습니다. 또 인문학에 대한 관심도 많이 생겼습니다. 이 책을 읽으면서 세계에 대한 근시적인 시야를 넓힐 수 있었습니다.

73. 좋아하는 드라마는?

요즘 〈여왕의 교실〉이라는 드라마를 좋아합니다. 고현정 씨가 맡은 역할도 독특하고, 초등학교 시절의 향수도 불러일으키기 때문입니다. 또한 사랑 이야기로만 넘쳐나는 드라마에서 '교실'을 중심으로 이야기가 전개되는 점이 색다르고 매력이 있다고 생각합니다.

74. 좋아하는 가수는?

신화를 가장 좋아합니다. 신화는 벌써 데뷔한 지 15주년이 되었지만 아직도 그 팀을 유지하고 있고, 구성원마다의 매력을 갖고 있습니다. 또한 팀 내에 갈등이 생겨도 자기들만의 방법으로 갈등을 해결하고 사이좋게 지냅니다. 팀으로 활동하면서도 개개인의 분야에서 성공하고 노력하는 모습이 매력적이기 때문입니다.

75. 좋아하는 노래는?

샤이니의 '초록비'라는 노래를 가장 좋아합니다. 최근에 알게 된 노래인데, 가사가 활력을 불어줍니다.

02

자기소개서와 면접 모범답안
: 코칭

1. 자기소개를 해보시오.

‐ 본인의 전공 및 경력에 기초해 자기소개를 해보시오.

안녕하세요! 저는 대학교에서 경영학을 전공한 ○○○이라고 합니다. 경영학을 전공하며 회계 분야에 관심을 가지게 되었고 회계 관련 자격증을 따게 되었습니다. 그것을 기초로 O사와 D사에서 회계업무와 관련한 경력을 쌓게 되었습니다. 저는 제 전문 분야에 자신을 갖고 책임을 가질 줄 아는 사람으로 D사에서는 다른 동료들에 비해 빠른 진급을 할 수 있었습니다.

2. 당사 지원 동기는?

회계 관련 자격증을 딴 이후 쌓은 경력을 바탕으로 ○○은행에서 실력을 발휘하기 위해 지원하게 되었습니다. 또한 ○○은행은 제가 어렸을 때부터 익히 들어오며 좋은 이미지를 갖고 있던 은행입니다. 그 좋은 이미지를 바탕으로 자유로운 회사 분위기와 수평적 조직구조를 알게 되어 맘에 들었기 때문에 지원하게 되었습니다.

3. 마지막으로 하고 싶은 말이나 질문이 있는가?

없습니다.

4. 우리 회사 외에 어디에 지원했나? 결과는 어떻게 되었는가?

○○ 외 4곳을 지원했습니다. 그 중 1군데가 떨어졌습니다.

– 다른 회사는 왜 떨어졌다고 생각하는가?

저보다 그 회사에 맞는 능력이 더 많은 사람이 지원했거나, 그 회사의 분위기와 더 맞는 사람이 지원했기 때문에 떨어졌다고 생각합니다.

– 여러 곳에 동시에 합격하면 어디에 입사할 계획인가?

저의 적성에 가장 맞는 곳에 입사할 계획입니다.

– 취업이 힘든 상황인데 왜 다른 기업에는 지원을 안 했는가?

떨어질 것이 분명한 곳에는 지원하지 않았습니다.

– 지금까지 몇 번이나 이력서를 제출했는가?

　5번 정도 제출했습니다.

– 합격하면 우리 회사에 입사할 계획인가?

　네. 그렇습니다.

5. 입사하면 어떤 일을 하고 싶은가?

– 자신의 적성에 비추어 볼 때 어떤 일이 적합하다고 생각하는가?

　회계 분야의 일을 하고 싶습니다. 적성과 관련해서는 인사 분야
도 나쁘지 않다고 생각합니다.

6. 당사에 대해 아는 대로 말해보라.

　– 우리 회사에 대해 얼마나 많은 것을 알고 있는가?

　조직구조와 진급 상황, 그리고 수익구조와 창사 후 꾸준한 발전
과정을 알고 있습니다.

7. 자신의 취미는?

– 그 취미가 우리 회사의 지원직무에 어떻게 도움이 된다고 생각하는가?

　신문을 매일 정독하는데, 회계업무와 관련해 회사에 필요한 정
보들을 매일 접해 사용할 수 있을 것이라고 생각됩니다.

8. 지원 분야와 전공이 안 맞는데 지원한 이유는 무엇인가?

– 비전공이지만 잘할 수 있다는 근거는 무엇인가?
– 지원직무와 본인의 전공이 어떤 연관성이 있는지 설명해보시오.

　회사를 운영함에 있어서의 핵심은 회계라고 생각합니다. 왜냐하면 회계를 통해 회사의 자본을 얻을 수 있고 또한 회사에게 닥칠 위험 예측도 가능하기 때문입니다. 자산 등을 포함한 모든 자본을 회계적으로 관리하는 것은 제 전공과 밀접한 관련이 있습니다.

9. 자신의 장점(강점)은?

– 자신의 강점 3가지를 말해보시오.
– 그 강점이 지원 분야에 어떻게 도움이 된다고 생각하는가?

　제 강점은 꼼꼼함, 책임감, 그리고 성실함입니다. 모든 일은 이 세가지를 기본으로 시작됩니다. 제가 일하는 분야에서는 특히 꼼꼼함을 요구하기 때문에 더욱 효율적이라고 생각합니다.

– 자신이 가장 어필할 수 있는 것은 무엇인가?

10. 동아리활동을 말해보라.

– 어떤 동아리며, 가입한 이유는 무엇인가?
– 동아리에서 본인이 맡은 역할은 무엇인가?
– 동아리활동을 통해 얻은 것과 잃은 것이 있다면 무엇인가?

11. 자신의 특기는?

음악에 있어 상대음감이 있습니다.

– 그 특기를 어떻게 배웠는가?

피아노를 즐기다 보니 생겼습니다.

12. 인생에서 힘들었거나 어려웠던 점은?

– 그 점을 어떻게 극복했는가?

고치기 힘든 습관을 고칠 때 힘들었습니다. 제 자신을 최대한 믿

고, 그 습관을 고치기 위해 집중하고 스스로를 사랑했습니다.

– 가장 좌절했거나 방황했던 경험은?

13. 자신을 채용해야 하는 이유는?

– 우리가 귀하의 어떤 점을 보고 채용해야 한다고 생각하는가?
– 본인이 우리 회사에 왜 적합하다고 생각하는가?
– 본인이 우리 회사에서 합격해야 하는 이유가 무엇인가?

이 회사가 제가 가진 직급과 능력을 펼칠 수 있는 환경이기 때문

에 저를 채용해주셔야 합니다.

14. 졸업 후 지금까지 무엇을 했는가? 왜 취업을 못했다고 생각하는가?

– 왜 아직 취업을 못했다고 생각하는가?

지금까지 제가 하고 싶었던 공부 및 취업을 위한 공부를 하며 실력을 쌓았습니다. 제가 취업을 하지 못한 이유는 제가 원하는 곳은 저의 실력과 맞지 않았으며, 그에 맞는 실력을 쌓기 위해 많은 시간을 투자했어야 했기 때문입니다.

15. 성격 장단점은?

– 성격의 장단점을 극복하기 위해 어떤 노력을 했는지 말해보시오.

제 성격의 단점 중 하나는 트라우마에 빠지면 잘 헤어 나오지 못하는 것입니다. 이는 극단적인 생각으로 이어졌고, 저는 다소 부정적인 사람이 되었습니다. 그래서 저는 생각을 바꾸는 연습을 자주 했습니다. 부정적인 생각의 습관을 위험을 감지하는 정도로만 사용하는 연습을 했습니다. 결과적으로 저는 부정적인 생각을 통해 지나친 긍정의 함정에 빠지지 않는 힘을 기를 수 있게 되었습니다.

16. 자신의 봉사활동에 대해 말해보라.

– 왜 하게 되었으며, 무엇을 느꼈는가?

평소에 사회적 약자에 대해 관심이 많았기 때문에 봉사활동을 하게 되었습니다. 세상에는 자신의 의지와 상관없는 더 큰 어려움을 겪고 있는 사람이 아주 많다는 것을 느꼈습니다. 또한 제가 사회구성원으로서 타인에게 도움이 되는 사람이 되고 싶다는 생각을 하게 되었습니다.

– 왜 한 번도 봉사활동을 하지 않았나?

17. 지원 분야에서 자신의 강점은?

– 지원직무의 기술적인 면에서 내세울 수 있는 것은?
– 지원 분야에 자신이 적합하다고 생각하는가?
– 희망직무를 잘 할 수 있는 특별한 능력이 있는가?

18. 생활신조 및 좌우명은?

'모든 것은 변한다'입니다.

– 그 좌우명대로 행동했던 경험이 있다면 말해보시오.
괴로운 시간이 있으면 모든 것은 변한다는 생각으로 그 시간을 버티곤 했습니다.

19. 상사와 계속 갈등이 생긴다면?

상사의 좋은 면만 보려고 노력할 것입니다.

– 답변대로 노력해도 해결이 안 된다면 어떻게 할 것인가?
상사와 대화를 해보려고 노력할 것입니다.

– 상사나 선배가 계속 본인을 질책하거나, 성격에 맞지 않는다면 어떻게
할 것인가?

진지하게 내 자신의 바꿀 점을 상의하고 상사에게도 어느 정도
의 요구를 할 것입니다.

– 선배가 무조건 자신의 의견에 맞출 것을 강요한다면 어떻게 할 것인가?

그 의견에 따르는 모든 책임을 선배 사원이 지게끔 할 것입니다.

20. 지원직무에서 갖추어야할 요건은?

– 희망직무를 잘 하려면 어떤 조건이 필요하다고 생각하는가?

직무와 관련된 해박한 지식과 근성이 필요하다고 생각합니다.

– 지원 분야에 꼭 필요한 3가지는 무엇이라고 생각하는가?

21. 일이 힘들고 야근이 많은데 가능한가?

– 지원 분야가 야근, 휴일근로가 많고 힘든 직종인데 체력에 자신이 있는가?
– 이 일을 하다보면 회의감이 들 수 있는데 어떻게 극복할 생각인가?

제 스스로 의미를 부여하고 보람이 있었던 때를 생각하며 버틸
것입니다.

22. 학창시절 기억에 남는 것은?

– 학창시절 동안의 특별한 경험이 있다면 말해보시오.

23. 지원 분야와 전공과의 연관성은 무엇이며 어떻게 도움이 된다고 생각하는가?

– 희망직무에 본인의 전공이 어떻게 도움이 된다고 생각하는가?

24. 자신의 별명은?

– 왜 그렇게 불렸다고 생각하는가?

25. FTA에 대한 견해는?

– 한미 FTA에 대한 본인의 견해는 무엇이고, 그 해결책은 무엇이라고 생각하는가?

국내 시장을 고려하지 않은 FTA는 무의미하다고 생각합니다. FTA를 반대하는 측과 끝까지 협상하고 서로의 고집스런 주장보다는 윈윈할 수 있는 대안을 위해 여러 가지 의견을 수렴해야 한다고 생각합니다.

26. 자신이 회사에 기여할 수 있는 것은?

– 본인이 우리 회사에 어떻게 도움이 될 수 있다고 생각하는가?
– 우리 회사에서 본인이 할 수 있는 일은 무엇이라 생각하는가?
– 본인을 채용하면 우리 회사가 얻는 이익은 무엇이라고 생각하는가?
– 본인의 어떤 능력이 우리 회사에서 도움이 될 것인가?

27. 성취감을 느낀 일을 말해보라.

– 그 성과는 어떠했으며, 어떻게 수행했는지 말해보시오.

– 목표를 세워 달성한 경험을 말해보시오.

– 지금까지 무엇인가 이뤄냈다고 자신하고 있는 것은 무엇인가?

아동비만이었습니다. 그래서 대략 20kg 정도의 감량을 해야 했습니다. 여러 가지 제게 맞는 다이어트 방법을 시도해봤고, 제게 맞는 운동방법을 터득해 더 이상 요요현상을 겪지 않게 되었습니다.

– 열심히 해서 인정받은 경험이 있다면 말해보시오.

28. 상사와 의견이 다를 때 어떻게 대처할 것인가?

– 상사와 의견충돌이 있을 경우 어떻게 대처할 것인가?

상사의 의견과 나의 의견 중 더욱 합리적인 쪽을 택할 것입니다. 만약 상사의 의견이 더욱 현명하다면 상사의 의견을 수긍하고 제 의견이 더욱 합리적이라면 상사를 설득하기 위해 노력할 것입니다.

29. 중요한 약속이 있는 날에 야근을 해야 된다면?

– 애인과 약속이 있는데 급한 회사일이 발생했을 경우 어떻게 할 것인가?

약속의 중요도와 회사일의 급한 정도의 비교에 따라 선택할 것입니다. 그러나 되도록이면 회사일을 선택할 것입니다.

– 공적인 일과 사적인 일이 동시에 발생한다면 무엇을 선택할 것인가?

공적인 일과 사적인 일의 중요도 비교에 따라서 선택할 것입니다.

30. 직장생활에서 중요한 것은 무엇이라고 생각하는가?

일의 정확도와 책임감이라 생각합니다.

31. 리더 경험이 있는가?

– 리더십을 발휘해본 경험이 있다면 말해보시오.

32. 지원 분야에서 중요한 것은 무엇인가?

– 희망직무에서 가장 중요한 것은 무엇이라고 생각하는가?

정확성과 성실함입니다.

33. 당사 제품(상품, 서비스)을 이용해본 적 있는가?

34. 창의력을 발휘한 경험은?

– 그 생각을 하게 된 계기는 무엇인가?
– 그것에 대한 주위의 반응은 어떠했는가?
– 어떠한 일을 창의적으로 개선해본 경험이 있는가?
– 본인이 창의적이라고 생각하는가? 그 이유는 무엇인가?

다소 창의적인 부분이 있다고 생각합니다. 일반적인 생각보다는 같은 현상이더라도 다른 시각에서 보는 것을 좋아하기 때문입니다.

35. 복수전공을 한 이유는?

– 어떠한 목표를 가지고 복수전공을 선택했는가?

제 자신의 발전과 전공과의 결합을 위해 복수전공을 하게 되었습니다.

36. 살면서 기뻤던 일과 슬펐던 일은?

기뻤던 일은 제가 노력한 만큼의 보답이 돌아왔을 때이며 슬펐던 일은 제가 한 노력이 헛수고가 되었을 때입니다.

37. 신문은 어느 면부터 읽나요?

– 신문의 어느 면을 가장 관심가지고 읽는 편인가?

가장 이슈가 되는 부분을 모아 놓은 신문의 첫 면과 나의 관심사와 관련된 키워드를 가진 제목의 기사부터 읽습니다.

38. 로또에 당첨된다면 그 금액을 어떻게 사용할 것인가?

20%는 부동산 투자 등에 활용하고 50%는 저축을 할 것입니다. 30%는 생활비 등에 사용할 계획입니다.

39. 리더십을 발휘한 경험을 말해보라.

40. 돈을 주웠다면 어떻게 할 것인가?

- 10만 원을 줍는다면?
- 100만 원을 줍는다면?
- 1,000만 원을 줍는다면?

  모두 주인을 찾기 위해 노력해보고 주인을 찾지 못한다면 기부를 할 것입니다.

41. 당사가 성장 및 발전하려면 어떻게 해야 하는가?

- 우리 회사의 발전을 위해 지금 가장 시급한 것은 무엇이라 생각하는가?

42. 건강은 어떤 편인가?

  제가 스스로 관리를 꾸준히 하고 있기 때문에 잔병이 없습니다.

43. 팀활동에서 갈등을 해결한 경험은?

- 팀원으로 활동을 하거나 프로젝트를 진행해보며 팀 내 갈등(마찰, 불화)을 해결한 경험이 있는가?

  있습니다. 타협과 의견정리를 통해 해결했습니다.

44. 학생운동에 대한 견해는?

- 학생시위운동을 해본 경험이 있는가?
- 학생들의 현실 참여에 대해 어떻게 생각하는가?

  무분별하고 무지한 참여가 아닌 이상 찬성하고 있습니다.

45. 열정을 가지고 한 일은?

– 최근에 가장 열정을 가지고 진행했던 일은 무엇이 있는가?

취미생활과 자기관리입니다.

46. 돈, 명예, 일 중 중요한 것은 무엇이고, 그 이유는?

일이 가장 중요하다고 생각합니다. 열심히 일을 하고 능력을 보인다면 돈과 명예까지 따라온다고 생각하기 때문이다.

– 돈, 사랑, 일 중 하나만 선택하라면 무엇을 택할 것이며, 그 이유는 무엇인가?

사랑을 택할 것입니다. 왜냐하면 저는 심리적 안정감을 가장 중요시하기 때문입니다.

47. 최근 자신의 관심사항은?

– 현재 취업 외에 가장 관심을 가지고 있는 사항은 무엇인가?

인간관계와 취미생활입니다.

48. 조직생활에서 중요한 것은?

의견조정입니다.

49. 고객의 불합리한 요구를 한다면?

– 말이 통하지 않는 고객을 응대해야 한다면 어떻게 대처할 것인가?

고객이 원하는 대로 해드리고 우선 돌려보낼 것입니다.

50. 고객감동이란 무엇이라고 생각하는가?

고객이 생각치 못한 작은 친절을 베풀었을 때 감동을 받을 수 있다고 생각합니다.

51. 결혼상대를 부모님이 반대한다면 어떻게 설득할 것인가?

우선 부모님이 반대하는 이유를 들어보겠습니다. 터무니없는 조건이 아닌 이상 조건을 만족할 수 있는 사람이 될 수 있도록 한후 부모님에게 그 성과를 근거로 설득할 것입니다.

52. 고객이 이유 없이 화부터 낸다면 어떻게 대처할 것인가?

화내는 모습을 계속 지켜본 후 화가 가라앉을 때까지 기다려줄 것입니다.

53. 〈서비스〉 고객이 선물을 주면 받을 생각인가?

지나치게 호화스러운 선물이 아닌 이상 받을 생각입니다.

54. 팀 또는 팀워크에서 중요한 요소는 무엇이라 생각하는가?

서로를 믿고 같은 목표를 향해 나아갈 수 있는 추진력과 협력입니다.

55. 최상의 고객서비스란 무엇이라고 생각하는가?

고객이 원하는 것을 확실하고 명쾌하게 해결하는 것이라 생각합니다.

56. 〈은행〉 친구가 대출을 해달라고 하면 어떻게 할 것인가?

- 사랑하는 애인이 신용 상태가 좋지 않거나, 자격이 안 되는데 대출을 해달라고 하면 어떻게 할 것인가?

친구와 애인 둘 다 단호하게 대출은 해주지 않을 것입니다. 돈과 친구 혹은 애인을 둘 다 잃고 싶지 않기 때문입니다.

57. 〈자금〉 자산운용시장의 미래상에 대해 말하시오.

확대될 것으로 보입니다. 왜냐하면 각 개인의 자산운용과 관련한 관심이 많이 증가하고 있기 때문입니다.

58. 〈자금〉 채권시장의 문제점은 무엇이라 생각하는가?

59. 〈은행〉 우리 은행 생존 전략에 대해 논하시오.

– 여러 은행 중 우리 은행이 살아남을 수 있는 방안을 제시해보시오.

60. 〈은행〉 대기번호를 무시하는 고객이 있다면 어떻게 할 것인가?

– 어떤 할아버지가 번호표 없이 먼저 치리해달라고 하는데, 앞 번호 대기 고객이 이에 대해 화를 내고 있는 상황이라면 어떻게 대처할 것인가?

다음 번호 고객을 받기 위해 번호를 누르기 직전의 옆 동료에게 일 처리를 부탁할 것입니다. 그리고 화내고 있는 앞 번호 대기고객을 처리한 후 할아버지에게 상황 설명을 해드리고, 다음에는 이런 일이 발생하지 않도록 당부할 것입니다.

61. 기회비용에 대해 설명해보시오.

내가 어느 선택을 함으로써 포기해야 하는 모든 다른 선택과 관련된 비용입니다.

62. 〈회계·텔러·판매〉 정산 시 돈이 부족하다면 어떻게 할 것인가?

– 일일정산 또는 월말정산을 하는데 돈이 부족하다면 어떻게 처리할 것인가?

끝까지 원인을 찾아볼 것입니다. 만약 못 찾을 경우에는 회사 사정에 맞게 적당히 끼워 맞출 것입니다.

* 알아두자: 은행내규에 따라 처리하는 것이 정석이다.

63. 우리 회사 지점이 몇 개인가?

64. 처음 만나는 사람과의 어색함을 어떻게 푸는가?

공통점을 찾거나 질문을 합니다. 또한 최근의 이슈 등 서로 알만한 얘기를 꺼낼 것입니다.

65. 사랑과 우정에 대한 견해는?

남자와 여자 사이에는 우정이 없다고 생각합니다. 사랑이나 우정이나 모두 본인이 하기 나름이라고 생각합니다.

66. 회사가 실적 저조로 분위기가 침체되어 있다면 본인은 어떻게 행동할 것인가?

평상시와 다름없는 모습을 보일 것입니다.

67. 〈은행〉 동전 세는 일을 시키더라도 성실히 수행할 수 있는가?

물론입니다. 왜냐하면 동전 세는 일도 가치 있는 일이라고 생각하기 때문입니다.

68. 〈금융〉 PF란 무엇인가?

사업주로부터 분리된 프로젝트에 자금을 조달하는 것입니다. 자금 조달에 있어서 자금 제공자들은 프로젝트의 현금 흐름을 우선 고려해 대출을 결정하고, 프로젝트에 투자한 원금과 그에 대한 수익을 돌려받는 자금구조를 의미합니다.

69. 실력과 운 중에서 운이 더 중요하다고 생각하는 것인가?

운도 중요하다고 생각합니다. 왜냐하면 운이 있어야 제대로 실력을 발휘할 수 있는 기회를 만날 수 있기 때문입니다. 또한 실력이 없는 운은 한낱 뜬구름일 뿐 운이라고 할 수 없습니다. 제대로 된 운은 실력을 바탕으로 이루어집니다.

70. 당신에게 1,000만 원이 있다고 하자, 주식과 예금에 각각 투자하는 비율을 설정하고, 그 근거를 말해보라.

예금에 9, 주식에 1을 투자 할 것입니다. 1,000만 원에서 100만 원 정도는 투자할 만한 가치가 있다고 생각하기 때문입니다.

71. 개인의 양심에 맞지 않는 일이지만 전체의 행복을 보장한다면 기꺼이 그 일을 하겠다는 뜻인가?

있습니다.

72. 최근에 읽은 인문학 책은?

《인문의 숲에서 경영을 만나다》를 읽었습니다.

73. 좋아하는 드라마는?

최근에는 《직장의 신》을 좋아했습니다. 현실적인 내용을 바탕으로 하고 있었기 때문입니다.

74. 좋아하는 가수는?

김광석과 버스커버스커를 좋아합니다. 제 마음을 닮은 노래를 많이 불러 좋아하고 있습니다.

75. 좋아하는 노래는?

김광석의 '서른 즈음에'를 좋아합니다.

PART 08

필기시험

01
요령

💡 논술 및 기획안 작성과 금융지식 테스트

- 주제가 주는 시사점을 파악해 당행의 상황과 연결 지어 논술하라.

- 주제를 주고 당행이 나아가야 할 방향을 제시하라.

예 : 향후 '구글'과 'KB국민은행'이 경쟁상대가 될 경우 어떤 전략을 펴야 하나?

- 금융지식 테스트는 국민은행 직원교육자료인 지식비타민에서 출제된다. 난이도 높았으나 면접자들에게 변별력 없게 느껴지는 부분이고 다만 반응이나 해결하는 태도를 본다.

💡 고득점 요령

- 평소에 신문을 꾸준히 읽자.

- 자신이 읽은 내용을 잘 정리하는 습관이 필요하다.

- 최근 시사에 관심을 가져야 한다.

– 경제나 경영 시사용어를 공부하자.

예 : 2011년 하반기의 경우 '마켓 3.0'와 '에코부머세대' 두 가지였다. 주제에 대해 은행의 정책과 연관시켜 주장을 펼치면 된다.

– 인성검사

팀웍을 중요시하는 부분에 마크, 은행정책과 부합되고 일관성 있게 마크하는 것이 중요하다. 같은 질문이 나올 경우도 있다.

– 적성검사

아이큐테스트처럼 제한된 시간에 정확하고 많이 푸는 것이 중요하다. 시중 서점에서 SSAT나 SK적성검사 문제집, 금융권적성검사 관련 문제집 구입해서 연습해볼 필요가 있다.

고득점 요령 2

– 경제와 경영 관련 시사용어와 기본개념을 물어보는 문제로 신문을 꾸준히 읽고 조금만 읽고 준비한다면 충분히 고득점이 가능하다.

– 매경TEST나 한경TESAT을 준비하면 많은 도움이 된다.

– 경제·경영 TEST(30문항/20분)

02
예상문제

- 재정절벽, 시퀘스터(sequester)의 의미와 한국 자본시장에 미치는 영향은 무엇인가?
- 가계 및 국가 채무 증대가 한국 경제에 미치는 영향은 무엇인가?
- 유럽중앙은행의 저금리정책과 미국의 양적완화정책이 우리나라에 미치는 영향은 무엇인가?
- 자본주의 4.0의 의미와 이에 따른 기업의 사회적 책임을 서술하시오.
- 스트레스 테스트(stress test)를 설명하시오.
- 많은 논란이 되고 있는 초과이익공유제가 무엇인지 설명하고, 자신의 견해를 서술하라.
- DTI의 정의와 금융시장과 부동산시장에 미치는 영향을 설명하시오.
- 출구전략 시기(기준금리 인상 시점)에 대해 논하라.
- COPIX의 정의와 배경을 설명하시오.
- SNS의 정의와 은행산업에 미칠 영향을 설명하시오.

- 창조경제, 시급한 현안, 그리고 은행의 역할에 대해 설명하시오.

- 인플레이션의 원인과 사회적 비용을 설명하시오.

- 상업은행과 투자은행의 차이점을 설명하시오.

- 경제민주화에 대한 견해는 무엇인가?

- 동반성장에 대해 어떻게 생각하는가?

- 지배구조에 대한 자신의 견해는?

- 청년실업에 대한 생각은?

- 정년연장에 대해 어떻게 생각하는가?

- 사회적 기업의 역할은 무엇인가?

- 금융안정은 무엇인가?

- BIS(자기자본비율)란 무엇인가?

- 골목상권을 살리기 위한 방안에는 무엇이 있다 생각하는가?

- 고용률은 무엇인가? 고용률 70% 달성의 문제점은 무엇인가?

- 어제(시험 전일)자 저녁 종합뉴스의 주요 뉴스는 무엇이었나?

- 오늘(시험 당일)자 경제신문 1면 기사는 무엇인가?

PART 09

면접

01

경쟁력 있는 면접 방법

- 검정색 또는 회색 정장(여자는 투피스 정장)
  - 남자는 여름에도 긴팔 와이셔츠를 입자. 짧은팔 와이셔츠는 팔에 땀이 나면 옷이 몸에 붙어 오히려 불편한 느낌을 준다.
  - 여자는 스킨색 스타킹을 신는다.
- 수수한 색의 넥타이를 맨다.
  - 너무 튀는 색상은 조직 팀워크에 문제가 있을 수 있다.
- 남자 응시자의 경우 넥타이핀은 오히려 시선을 빼앗길 염려가 있다.
- 응시자의 경우 액세서리는 간단하면서 깔끔한 것으로 1개 정도면 충분하다.
- 구두는 깨끗하게 손질한다.
- 힐이 높지 않는 구두를 신는다.
  - 키를 크게 보이기 위해 일부러 굽 높은 구두를 신을 필요는 없다.

- 저녁 정규방송 다음에 있는 KBS, SBS, 및 MBC 일기예보 방송 캐
  스트의 모습을 모니터링 해보자.
    - 음성(음색과 높낮이)
    - 시선 처리
    - 손 처리
    - 몸짓
    - 복장과 액세서리 등등

답변 요령

- 자신이 겪은 에피소드를 섞어 이야기하자.

- 업무 실적을 수치로 표현해 이야기하자.

- 면접 분위기를 자신이 주도하자.

- 자신의 정성을 보여주자.

- 면접 예상 질문을 뽑아보자(자기분석 및 기업정보 파악).

- 표정관리에 신경 써야 한다.

- 한 템포 쉬어 이야기하자.

- 무엇을 요구하는지를 명확하게 파악하라.

- 머릿속으로 일정한 맥을 유지하면서 말하라.

- 너무 튀려고 하지 말자.

- 잠깐이라도 은행 이곳저곳을 둘러보도록 하라.

- 최대한 깔끔하게 마무리하자.

💡 엘리베이터 토크(Elevator Talk)

- '30초 이내'라는 지극히 한정된 시간 안에 정리된 내용을 명확하게 설명한다. 어떤 학생이 박사학위 논문심사에 매번 실패했다. 그때마다 지도교수는 'Mr. Park, Elevator Talk, please!'라 말했다고 한다. 논리가 부족하고 장황한 발표는 무조건 마이너스다.
- 포인트가 있어야 한다. 뻔한 결론은 핵심가치가 없다. 중요한 말을, 순서에 맞게, 핵심만 골라, 정해진 시간 안에, 말해야 한다.

💡 실전

- 입장: 긴장을 푼다.
- 지정된 자리에 앉은 후: 합격을 확신하며 긴 호흡을 한다.
- 대화할 때: 눈을 마주치며 대화한다.
- 진심으로 소통한다.
    - 마음을 열고, 생각한대로, 주도적·능동적으로 소통한다.
- 취업하겠다는 마음(hungry mind)이 중요하다.
    - 2만 개 직종 중 자신이 좋아하는 일이 바로 은행업무라는 것을 나타낸다.
- 자신만의 컬러를 찾는다.
- 남의 것을 베끼지 말고, 자신의 이야기(story)를 한다.
- 왜 자신이 뽑혀야 하는지를 입증한다.

· 현대자동차그룹 실전질문 사례

　　– 100초 스피치

　　– 다른 지원자의 인상 깊었던 말

　　– 단체생활에서 할 수 있는 특기(노래, 춤 등)

　　– 특기가 ○○○인데 무슨 의미를 갖는가?(예: 교육)

　　– 살면서 의미 있었던 경험(뿌듯했던 경험)

　　– 마무리 발언

· 금호아시아나그룹 실전질문 사례

1) 어려워 보이는 일을 도전해 성공한 경험이 있는가?

　　– 그때 무엇이 가장 큰 어려움이었나?

　　– 그 어려움을 어떻게 극복했나? 자신은 거기서 무슨 역할을 맡았나?

　　– 직접 찾아가는 것 말고도 또 다른 방법이 있지 않았을까?

　　– 거기서 얻은 교훈은 무엇인가?

2) 자신의 부족한 점을 보완하기 위해 노력한 경험이 있는가?

　　– 굳이 운전하는 것으로 공간지각능력을 키우려했었나?

　　– 그 둘 사이에 무슨 관계가 있는가?

　　– 아는 길만 외워서 다니는 게 그 능력을 키우는 데 과연 도움이 될까?

3) 자기소개서에 ○○○프로젝트 후원금 500만 원 중 200만 원을 돌
　　려줬다고 했는데, 이것을 프로젝트를 발전시키는 목적으로 사용할

수 있지 않았겠는가?

– 이것 때문에 팀 동료들이 서운해했다고 했는데 이 문제는 어떻게
해결했나?

4) 마지막으로 면접관에게 하고 싶은 말이 있다면 하도록 하라.

– 없습니다(정답).

02
실전면접

1) 1차면접(토론면접, SRP면접 및 역량면접)

- 응시자들(5~8명)이 특정 주제를 놓고 토의를 벌이는 과정을 면접관이 관찰·평가한다.

- 토론면접 주제는 시사, 상식이 대부분이다.

- 토의시간은 보통 팀당 30분 내지 1시간이다.

예) 2011년 하반기 토론 주제에는 중소기업과 대기업 상생에 대한 주제가 많이 나왔다.

: E마트 같은 대형마트의 야간운영시간 축소를 통한 지역상권을 보호가 과연 타당한가?

- 토의를 벌이는 과정을 면접관이 모니터링 한다.

- 세일즈 롤플레잉(Sales Role Playing)

면접관이 랜덤 형식으로 물건을 선택하면, 면접자가 그것을 직접 세일즈한다. 이때 자신감을 보여주는 게 가장 중요하다. 고객과의 관계 형성, 니즈 파악, 타깃 고객과 상품 간 적합성으로 면접관을 설득하는 것이 중요하다.

예) 치약, 컵 누룽지 등.

- 역량

: 1분 자기소개는 기본적으로 준비하자. 자기소개서 위주로 진행되기 때문에 미리 자기소개서를 분석하고 예상 질문과 대답을 준비해야 한다. 1차면접 합격 발표 후 UCC동영상, PPT, 개인 퍼포먼스 등을 준비해 임원면접 당일 5분 동안 자신을 PR하는 신개념 면접 전형이다.

이때 자신감 있는 목소리로 어필하는 것이 중요하다. 이 PR을 바탕으로 면접관들이 2분 여 정도 구체적인 질문을 하기 때문에 솔직하게 자기 논리를 답변하는 것이 포인트다. 인성면접에서는 임원들과의 면접이므로 최대한 밝은 인상, 예의바른 자세에 신경 많이 써야한다.

예) 동아리활동 운영진을 했는데 거기에서 어떤 활동을 했고 무엇을 배웠습니까?

: '락스타존'의 장단점을 설명하시오.

: KB국민카드 있나요? 나를 고객으로 생각하고 KB카드 아무거나

세일즈해보세요.

: 금융기관을 지원한 사람으로서 '반 월가 시위'에 대해서 어떻게
   생각하나요?

: 부실 저축은행 사태의 원인과 이것을 통해 얻은 교훈은?

: 대학생들은 'KB국민은행'에 대해 어떤 이미지를 떠올리나요?

2) 토론면접 형식과 평가 포인트 요령

– 응시자들(5~8명)이 특정 주제를 놓고 토의를 벌이는 과정을 면
접관이 관찰·평가

– 토론면접 주제는 시사, 상식이 대부분

– 토의시간은 보통 팀당 1시간

– 발언 내용과 제스처, 경청 태도, 발언 태도 등

– 특히 자신의 의견을 얼마나 조리 있게 전달하는가와 타인의 의견
을 얼마나 존중하는가를 중점적으로 평가

– 지나친 경쟁은 피하고 다른 사람을 배려하면서도 자신의 주장은
조리 있게 펼치는 능력이 중요

– 발언 내용, 토론 자세, 대화 스킬이 그룹에 융화되는 모습과 더불
어 요지를 명확히 말하는 것이 중요

– 시사적인 질문이 대부분으로 표현력, 이슈 이해력, 매너, 이성적
자세가 중요하며, 회사 관련 주제도 나올 수 있음

– 상대 의견을 경청

- 긍정 후 반박

- 토론 중에 메모장이나 허공에 시선을 두지 말고 상대방을 바라보
  며 이야기에 집중 필요

- 주제 벗어나지 않기

- 찬성과 반대는 확실히!

- 적절한 음성 및 발음, 말의 속도 지키기

3) 통섭역량면접 요령과 주요 질문 10가지로 본 인성면접 답변 요령

- 면접관의 입장에서 생각한 후 답변

- 적합한 단어와 정확한 단어, 정리된 개념을 통해 설명

- 인간미가 드러날 수 있도록 마음을 열고 답변

- 답변에서 언급할 내용에 가치와 의미 부여

- 머리가 아닌 가슴에 다가가는 답변

- 책에 관련된 질문을 주고 답변 시 거기에 대한 다른 질문을 함으
  로써 꼬리에 꼬리를 무는 질문이 주가 됨

: 읽은 책의 수는 중요하지 않다. 3~4권이라도 책의 관점과 본인의
  관점을 비교하면서 생각하는 것이 중요

- 우리 회사에 지원하게 된 동기는?

- 지원한 직무와 관련하여 어떤 준비를 했는가?

- 본인 성격의 장단점을 설명하시오

- 입사하게 되면 5년 후 또는 10년 후의 포부는 무엇인가?

- 조직 경험이 있는지, 그 조직 내에서 어려움을 극복한 사례가 있는지?

- 사회활동 경험

- 우리가 당신을 꼭 뽑아야 하는 이유는?

- 실패를 경험한 일이 있는가? 있다면 거기에서 얻은 교훈은?

- 취미나 특기가 있는가?

- 마지막으로 하고 싶은 말이 있다면?

4) 세일즈면접 요령

- 1~2분 준비시간, 5~8분 발표, 2분 피드백 및 질문

- 지원자가 상자에서 세일즈 대상 물품을 뽑는 방식

: 일반 소비재

- 어린이치약, 이쑤시개, 양말 등

- 물건의 세부 특징을 잘 살리는 것이 중요

- 관계 형성, 니즈 파악, 타깃 고객과 상품 간 적합성

예) 치약 : 직접 치약을 손에 짜서 홍보, 1+1홍보

컵누룽지 : 웰빙 상품, 야구장과 영화관에서간식으로 간편하게 이용 가능

- 면접 후 면접자들이 가장 큰 격차를 느끼는 것이 면접

- 면접관들한테 해당 상품을 팔고자 하는 의지를 보여야 하며, 어느 정도의 쇼맨십 필요

– 실무진 2명 / 13가지의 질문에 대한 솔루션 제시

– 패스 1회 사용 가능, 솔루션 제시 과정이 중요

예) 2인승 스포츠카가 있다. 이 자동차를 타고 드라이브를 가려는데 비가 온다. 휴가 나온 친구, 다리 다친 할머니, 이상형의 여자 중 당신은 누구를 선택해 함께 차에 타겠는가?

– 무난한 방(자기소개 없음, 일반 지원자 위주)과 압박 심한 방(자기소개 있음, 고스펙 및 우대전형 지원자, 영어 대화가 있는 경우도 있음)

예) 바젤 2, 3의 차이점, 기준금리란 무엇인가?

– 인적성검사는 일반 대기업 인적성검사 기출문제 참조

1) 실전면접

: 주로 실무자(1차)면접에는 인성면접, 집단토론, 상황대처면접 등이 포함되어 있다. 이때 자소서를 기반으로 질문을 받기 때문에 자소서에서 충분히 자신을 매력적으로 드러내야 한다.

2) PT면접

: 예상 주제를 갖고 연습해보는 것이 필요하다. 프레젠테이션면접은 혼자 하는 것이 아니라는 것을 명심하자. 그들을 설득하는 것을 목표로 임해야 한다. 주어진 시간을 엄수하고 슬라이드나 종이

만 뚫어지게 보지 않고 면접관들과 눈을 마주쳐야 한다.

3) 합숙면접

: 대개 1박2일 동안 면접관들이 지원자들을 따라다니면서 프로젝트수행능력, 대인관계능력 등을 평가한다. 너무 튀는 것보다는 팀을 얼마나 조화롭게 만드는 것이 중요하다.

4) 토론면접

: 예상 주제를 갖고 연습을 해보는 것이 필요하다. 토론면접에서는 적절한 시간 안에 핵심만을 말하도록 노력하자. 논박하고 싸우는 인상보다는 서로 토의하고 공동의 결과를 만들어 낸다는 인상을 주는 것이 좋다. 토론 주제에 대한 기본적인 이해, 토론에 참여하는 방법, 토론 과정을 거치면서 합의점에 이르는 기술, 타협과 조정 과정에 대한 모의면접 연습이 필요하다.

5) 핵심역량면접

: 우리은행의 경우 세일즈 역량면접을 1차 면접에서 실시한다. 제한된 시간 내에 타깃 고객의 특성을 파악하고 판매 포인트를 찾아 세일즈 적합성 범위 내에서 상품이 완전히 판매되도록 해야 한다. 문제해결능력, 행원으로서 기본적으로 갖춰야 할 전문성을 평가 요소로 고려한다.

6) 임원면접

: 회사 현황, 대표상품, 자기소개, 지원동기, 입사 후 포부, 마지막
할 말은 필수로 준비하는 것이 좋다.

7) 영어면접

: 거의 유일하게 외환은행에 존재한다. 영어 스피킹을 준비하는 정
도면 충분하다.

집단토론면접 팁

– 다른 사람의 의견에 귀를 기울인다.

– 다른 의견에 대해 적절히 동조한다.

– 칭찬의 말을 적절하게 한다.

– 적절한 반론을 제시하면서, 논리적으로 자신의 의견을 제시한다.

– 감정표현을 삼가고 가급적 흥분하지 않는다.

– 적절한 메모와 정리를 함께 병행한다.

평가항목

1. 주도성

플러스(+)

평가 : 주도적, 보통, 미흡

– 토론에 영향을 끼친 발언을 제시한다.

- 논점에 대한 적절한 의견을 제시한다.

- 적절한 타임에 다음 단계로 전환한다.

마이너스(–)

평가 : 보통, 미흡, 나쁨

- 다른 사람이 자신의 의견에 주목하지 않는다.

- 다른 사람의 뒤를 쫓아 의사를 발표한다.

- 다른 사람의 의견을 묻지 않고 자신의 의견만 발표한다.

2. 협동성

플러스(+)

평가 : 주도적, 보통, 미흡

- 토론이 단절되지 않도록 노력한다.

- 남의 의견에서 좋은 의견을 끌어낸다.

- 집단목표 의식을 우선한다.

마이너스(–)

평가 : 보통, 미흡, 나쁨

- 자기주장만 앞세운다.

- 남의 의견이나 주장은 제쳐놓는다.

- 목표에 어긋나는 방향으로 비판한다.

3. 참여도

플러스(+)

평가 : 주도적, 보통, 미흡

– 핵심사항에 핵심의견을 제시했다.

– 논점 해결에 도움이 되는 지적을 제공했다.

– 다양한 토론의 결과를 한 방향으로 의견을 모은다.

마이너스(–)

평가 : 보통, 미흡, 나쁨

– 주제와 다른 의견이 나왔다.

– 이미 나온 논조를 반복했다.

– 핵심에서 벗어나 다른 방향으로 토론을 끌고 갔다.

03
면접 후기

국민은행 1차면접 후기

국민은행 1차면접은 천안에 있는 국민은행연수원에서 아침 9시부터 오후 6시까지 진행되었습니다. 연수원에 입소하게 되면 면접자들은 모두 자신의 휴대폰을 제출하고 각 조당 약 60명씩 4개조로 나뉘게 됩니다. 면접 진행순서는 세일즈면접, 통섭역량면접, 토론면접의 순입니다.

먼저 세일즈면접은 두 명의 면접관이 앞에 앉아 있고, 면접관 책상 위에 있는 상자 안에서 아무 물건이나 꺼내면 됩니다. 때에 따라서 면접관이 미리 물건을 정해놓고 이걸로 세일즈를 해보라고 하는 경우도 있었다고 합니다. 물건을 고른 후 2분 정도 생각할 시간을 줍니다. 세일즈면접의 팁은 스스로 대상과 판매 상황을 설정하는 것인데, 일종의 모노드라마식 연기를 한다고 생각하는 쪽이 편할 것 같습니다.

저는 다림질 보조 액체 분무기를 골랐고, 면접관들을 퇴근 후에 지하철에 타고 있는 샐러리맨으로 설정했습니다. '오늘 이 다림질 보조제를 사서 집에 들어가 와이셔츠를 스스로 한번 다려보자'는 멘트로, 가정의 화목을 지켜주겠다는 진행했습니다.

3~5분 정도 세일즈를 하고 나면 면접관이 질문을 합니다. 저의 경우에는 '그걸 남자들이 살 것 같지가 않다'라고 했습니다. 저는 남편이 스스로 하는 다림질로 부인의 사랑과 가정의 행복을 얻을 수 있는데, 이 기회를 마다하지 마시라고 대답했습니다.

면접관 질문 시 당황하기보다는 적극적으로 대답할 때 좋은 점수를 주는 것 같습니다. 세일즈면접은 세일즈 내용은 크게 중요하지 않은 것 같습니다. 대신 성격과 적극성을 보는 것 같습니다.

두 번째 면접은, 통섭역량면접입니다. 국민은행에서 가장 악명 높은 면접이라고 할 수 있습니다. 이 면접에서는 자소서에 기재한 인문학적 고민, 그리고 읽은 도서 10권을 바탕으로 인문학적 소양을 테스트하는 질문을 합니다. 다른 회사들의 인성면접과는 조금 그 방식이 다릅니다. 우선 블라인드 테스트인 만큼 자기소개가 없고, 이름을 말해서는 안 됩니다. 제가 받은 질문을 다음과 같습니다.

1. 국민은행이 앞으로 나아가야 할 방향에 대해서 생각해본 적 있나?

2. 국민은행이 국내 1위 은행인데도 굳이 해외로 진출해야 한다고
   생각하는 근거는?

3. 자기소개서에 박정희 시대의 경제발전에 대해 고민해본 적이 있
   다고 했다. 이에 대해 말해보라.

4. 그렇다면 6번 지원자는 실력과 운 중에서 운이 더 중요하다고 생
   각하는 것인가?

5. 국민은행이 현재 1위 은행의 위치를 차지하고, 브랜드가치가 높
   은 것은 운이 훨씬 더 컸다고 생각하는가?

6. 당신에게 1,000만 원이 있다고 하자, 주식과 예금에 각각 투자하
   는 비율을 설정하고, 그 근거를 말해보라.

7. 《정의란 무엇인가?》라는 책을 읽었다고 했는데, 6번 지원자가 생
   각하는 정의란?

8. 손익의 총 합이 플러스(+)만 될 수 있다면, 어떤 일을 해도 좋다
   는 뜻인가?

9. 개인의 양심에 맞지 않는 일이지만, 전체의 행복을 보장한다면 기
   꺼이 그 일을 하겠다는 뜻인가?

대충 기억하는 질문은 이 정도였습니다. 실제로 인문학 도서의 내용
을 대놓고 테스트하지는 않습니다. 즉, 인터넷에 떠도는 책의 요약 부
분은 읽어도 크게 도움이 안 된다고 봅니다. 책을 읽되, 거기서 느낀 부
분이나 마음에 드는 구절은 따로 기록해두었다가 면접 때 질문에 대한

대답 과정에서 자연스럽게 인용하면, 플러스 점수를 받는 것 같았습니다.

질문이 상당히 까다롭게 느껴졌지만 은행원으로의 서비스 정신을 잃지 말자는 생각에 집중력을 발휘했습니다. 대답이 엉망이었어도 계속 미소를 짓고 고개를 끄덕거렸습니다. 면접이 끝났을 때는 얼굴에서 경련이 일어날 정도로 미소를 지었습니다.

간략하게 질문들에 대한 제 답변을 이야기하자면

1. 국민은행은 이제 시티은행, BOA와 같이 해외시장으로 진출해야 한다.
2. FTA 등으로 전 세계의 서비스가 한국으로 몰리고, 우리나라 또한 내수를 넘어서 전 세계를 대상으로 사업을 진행한다. 그럼에도 은행은 국내에 한정되어 있다는 것은 시대를 따라가지 못한다는 뜻이다.
3. 박정희 시대의 비약적인 경제 성장은 부인할 수 없다. 다만, 전 세계가 만류한 제철소 건설 등 중화학공업 투자는 국민의 생존을 담보로 걸고 했던 배당률 높은 도박이었다고 생각한다. 그 도박이 엄청난 성공을 거두었다고 생각한다.
4. 실력이 중요하다고 생각한다. 실력이 뒷받침되어야 그러한 배팅 기회가 주어지기 때문이다. 아무런 실력도 없이 큰 배팅의 기회를 얻을 수는 없다.

5. (이 질문에 당황했던 기억이 납니다. 이때부터 식은땀을 흘리기 시작했습니다) 국민은행은 실력으로 이 자리에 올라왔다고 생각합니다. 다만 거기서 고객의 사랑은 예측할 수 없는 부분이므로, 어느 정도 운이 작용하긴 했다고 봅니다.

6. 200만 원 예금과 800만 원의 주식을 하겠습니다. 그 이유는 주식도 우량주에 장기투자를 하면 예금 이상의 수익률을 고정적으로 낼 수 있기 때문입니다. 200만 원은 유동성 확보를 위해 예금에 투자하겠습니다.

7. 저는 공리주의가 가장 강력한 정의론이라고 생각합니다. 공리주의가 점점 진화하면서, 모든 세상만사를 계량할 수 있다는 가정이 성립한다면 공리주의를 이길 수 있는 논리는 없다고 판단했습니다.

8. 횡설수설했습니다.

9. 마찬가지로 횡설수설해서 답변이 기억이 잘 나지 않습니다.

꿍장히 힘든 면접이었습니다. 끝나고 나면 많이 지칩니다. 다대다(면접관 2, 지원자 5)로 이루어지는 면접인 만큼, 다른 지원자가 말할 때 미소와 함께 경청하는 자세가 중요한 것 같습니다.

마지막으로 토론면접입니다. 토론면접은 가장 수월한 면접이었습니다. 10명이 들어가고, 미리 한명의 사회자를 정해서 들어갔습니다. 저희가 토론했던 주제는 삶을 살아가는 데 있어서 인문학적인 소양을 강조하는 교육이 중요한가, 아니면 좀 더 실용 학문이 중요한가였습니다. 토론의 별다른 특이점은 없었습니다. 고등학교 교사 출신 지원자가 사회를 너무 잘해준 덕에 수월하게 토론했습니다. 면접관들이 크게 칭찬해주셨던 기억이 납니다.

실제로 면접하는데 걸리는 시간은 별로 안 되는데, 대기시간이 참 길어서 그동안 다른 지원자들과 이야기 나누면서 긴장을 풀었습니다. 이 부분이 실제 면접에서 덜 떨게 되는 비결이었던 것 같습니다.

다른 사람들에 비해서 그렇게 잘 봤다는 생각도 안 들었고, 어쩌면 조금 못 봤다는 생각도 들었는데, 1차 면접에 합격하게 되었습니다. 결국 목소리와 미소가 가장 중요한 합격 요인이지 않았나 하는 생각을 해보게 됩니다. 이상으로 저의 국민은행 1차면접 후기를 마치겠습니다.

신한은행

· 장소 : 기흥연수원

· 시간 : 오전 9시부터 오후 6시까지

– 9~10시 : 인사팀과 상호 인사 및 오리엔테이션, 금일 일정 소개

– 면접관 2명, 피면접자 10명이 하나의 팀으로 구성

– 팀별 PT면접, 토론, 롤플레잉, 1분 스피치, 신한가치평가 순으로 진행

– 간단한 자기소개(1분) 및 토론 진행(1시간 30분)

· 주제 : 종부세 완화에 대한 찬반, 일제고사 시행에 대한 찬반, 서울 주변 그린

벨트 해제에 대한 찬반

– PT면접 : 준비시간 20분, 발표시간 5분, 질의응답시간 3분

주어지는 준비물 : 유성매직 4개, 4절지, 본인 메모용 A4용지 각 1매

· 주제 : 본인은 신한은행 지점장이다. 인근 지역에 아파트 재건축을 함으로써

금융 수요가 발생할 것으로 예상된다. 조합원 앞에서 프리젠테이션을 해야

하는 상황에서 어떻게 홍보할 것인가?

– 롤플레잉 : 준비시간 1분, 면접시간 5분

: 근무 상황에서 발생할 수 있는 특정 상황을 주고, 실제 상황처럼 연

출하여 피면접자의 대응을 파악한다. 면접관 중 한 명이 상대역을

한다.

· 문제 : 점심시간에 잠깐 나와 딸의 학급 급식비 통장을 만들려는 40대 중반의

남성고객 응대하기. 그런데 신분증만 있고, 가족관계를 증명할 수 있는 주민

등록등본(필수)이 없는 상황에서 어떻게 대처할 것인가?

– 1분 스피치: 무작위 단어 하나와 사진 한 장을 뽑아 상호 관련된 주

제로 1분간 자유발언을 한다.

제시단어 : '만족', '스프리스 신발'

· 해결 : 신발이 사람이 주는 만족과 신한은행이 고객에게 주어야 하는 만족을

비교하면서, 신입행원으로서 열심히 자기계발을 하고자 노력하겠다 말했다.

– 자기소개서에 기반한 질문 : 1인당 10~15분

· 질문 : 유럽에 팀으로 간 적이 있는데, 무슨 프로그램으로 다녀왔습니까?, 팀

원 간 갈등은 무엇이었으며, 이를 어떻게 해결했습니까?, 결혼을 빨리한 이유

가 무엇입니까?, 왜 우리가 홍길동 씨를 뽑아야 합니까?

– 특정 상황 대처 요령에 대한 질문

· 질문 : 동기가 규정에 어긋난 부실 대출을 마음대로 하는 것을 발견했다. 어떻

게 대처할 것인가?

· 해결: 우선 동기에게 기회를 주기 위해 내가 파악한 상황이 정확한지 동기에

게 확인하겠다. 잘못이 확실하다면, 대출 받은 고객을 찾아가 즉시 상환이나,

추가 담보 설정 가능 여부에 대하여 확인하겠다. 그 후 지점장이나 본사 보고

체계에 따라 처리하겠다.

– 신한가치평가

외환은행

· 장소 : 기흥연수원

· 면접시간 : 오전 9시부터 오후 6시까지

1) 서류심사와 필기시험 병행

– 인성 및 적성검사

– 시사적인 경제 문제(서술)

　예: 감세정책 찬반

2) 1차면접: 실무자(팀장급)

- 그룹토론

  예 : 몸짱 열풍, 스크린쿼터제 등

- 프리젠테이션(경제·시사 관련 문제: 부동산 관련 정책과 은행의 대

  응방안)

- 인성면접 : 자기소개서 내용에 관한 질문 위주

3) 면접(2차) : 임원면접

- 은행에서 어떤 일을 하고 싶은지?

- 면접 오는 길에 늦었을 때 무단횡단을 할 것인지?

- 돈이 없는데 남편 혹은 아내가 아픈 경우 약국에서 약을 훔칠 것인

  지?(그 약을 먹으면 배우자는 완쾌)

- 기본적으로 영업점 근무를 해야 하기 때문에 영업하는 것에 대한 질

  문도 많이 한다.

  예 : 3달 동안 동전만 세게 하고 다른 일은 전혀 시키지 않을 때 어떻

  게 할 것인가?

04
나의 은행 취업 경쟁력은?

• 전공(통계학), 복수전공(금융공학), 토익(925점), 학점(3.3)	O
• 전공(경영학), 복수전공(없음), 토익(955점), 학점(3.5)	O
• 전공(영문), 복수전공(경제학), 토익(850점), 학점(3.5) : 행정고시 1년 6개월 준비	O
• 전공(정치외교), 복수전공(경제학), 토익(900점), 학점(3.3) : 행정고시 3년 준비	O
• 전공(사회학), 복수전공(행정학), 토익(940점), 학점(3.98) : 고시 2년 준비	O
• 전공(법학), 복수전공(없음), 토익(905점), 학점(3.9) : 사법고시 2년 준비	?
• 전공(법학), 복수전공(없음), 토익(920점), 학점(3.6)	?
• 전공(일어일문), 복수전공(없음), 토익(870점), 학점(3.8) : 일본 2년 체류	?
• 전공(독어독문), 복수전공(없음), 토익(850점), 학점(3.4)	?

• 전공(독어독문), 복수전공(심리학), 토익(795점), 학점(3.3)	?
• 전공(수학), 이중전공(통계학), 토익(790점), 학점(4.0)	?
• 복수전공(또는 이중전공)이 없는 경우	?
• 학점 평점이 낮은 경우	?
• 토익 점수가 낮은 경우 : 그러나 실제로 토익은 참고사항일 뿐이다.	?
• 자격증이 없는 경우 : 무방(학교는 학원이 아님)	?

05

면접에 자주 등장하는 문제

(1) 자기소개

- 1분 동안 자기 PR을 해보십시오.

- 자신의 장점과 단점을 말씀해주십시오.

- 당신은 어떤 개성이 있다고 생각합니까?

- 특기가 있습니까?

- 리더십이 있는 편이라고 생각합니까?

- 협조정신이 있다고 생각합니까?

- 지금까지 좌절감을 경험한 적이 있습니까?

- 대인관계를 잘 유지할 자신이 있습니까?

- 당신은 어떤 버릇이 있습니까?

- 일을 시작하면 끝까지 합니까?

- 물건을 파는 일도 자신이 있습니까?

– 호기심이 많은 편입니까?

(2) 지원동기

– 우리 은행을 지원한 이유를 말씀해주십시오.

– 직업을 선택할 때 중요시하는 것은 무엇입니까?

– 우리 은행에 대하여 알고 있는 것에 대해 모두 말씀해주십시오.

– 다른 은행에도 응시했습니까?

– 우리 은행에 채용이 안 되면 어떻게 할 겁니까?

– 지망 은행을 결정하기 위해 누구와 상담했습니까?

– 우리 은행의 장단점을 아는 대로 말씀해주십시오.

– 우리 은행의 상품을 어떻게 생각하십니까?

(3) 직업의식

– 당신에게 직업은 어떤 의미를 갖습니까?

– 입사하면 어떤 일을 하고 싶습니까?

– 희망부서에 배치되지 않을 경우에는 어떻게 하겠습니까?

– 희망하는 근무지가 있습니까?

– 시간외근무를 어떻게 생각합니까?

– 휴일근무를 어떻게 생각합니까?

– 일과 개인생활 중 어느 쪽을 중시합니까?

– 당신의 특성을 일에서 어떻게 살릴 생각입니까?

– 입사 후 다른 사람에게 절대로 지지 않을 만한 것이 있습니까?

– 신입행원으로서 마음 써야 할 것은 어떤 것이라고 생각합니까?

– 비즈니스 사회에서 가장 중요한 것은 무엇이라고 생각합니까?

– 어디까지 승진하고 싶습니까?

– 어떤 사람을 상사로 모시고 싶습니까?

– 학생과 사회인의 차이점은 무엇이라고 생각합니까?

– 상사와 의견이 다를 때는 어떻게 하실 겁니까?

– 자기주장과 협조성에 대해서 어떻게 생각합니까?

(4) 대학생활과 친구

– 학창시절에 무엇엔가 열중했던 적이 있습니까?

– 무엇을 전공했습니까?

– 어떤 동아리활동을 했습니까?

– 아르바이트를 한 적이 있습니까?

– 학점이 좋지 않은데 이유가 무엇입니까?

– 대학생활에서 얻은 것이 있다면 무엇입니까?

– 친하게 지내는 친구에 대해 이야기해보십시오.

(5) 인생관

– 취미가 무엇입니까?

– 스포츠를 좋아합니까?

- 최근에 읽은 책의 감상을 말해주십시오.

- 요즘 만나고 싶은 인물이 있다면 누구입니까?

- 신문은 어느 면부터 봅니까?

- 최근에 흥미 있는 뉴스는 무엇입니까?

- 당신의 생활신조는 무엇입니까?

- 돈, 명예, 일 중 어느 것을 택하겠습니까?

- 5년 후 어떤 생활을 보내고 있을 것이라고 생각합니까?

(6) 일반상식과 시사

- 마케팅에 대해 설명해보십시오.

- 무역마찰 해소는 어떻게 해야 한다고 생각합니까?

- 기업의 사회적 책임에 대해서 말씀해주십시오.

- 기업의 구조조정에 대한 견해를 말씀해주십시오.

- 우리나라의 지진 발생 가능성에 대해 어떻게 생각하십니까?

(7) 여성 응시자

- 여성 경영자가 되고 싶습니까?

- 몇 년 정도 근무할 생각입니까?

- 남녀고용평등법을 어떻게 생각합니까?

- 회사에서의 여사원 역할을 어떻게 생각합니까?

- 술이나 담배를 하십니까?

(8) 돌발질문

– 1년의 공백기간 동안 무엇을 했습니까?

– 우리 은행에 맞지 않는 것 같은데요.

– 1,000만 원이라는 돈이 갑자기 생기면 어떻게 사용하겠습니까?

– 갑자기 돈이 필요하다면 어떻게 하시겠습니까?

– 다시 태어나면 무엇이 되고 싶은가요?

– 주위 사람들이 당신의 험담을 한다면?

– 당신의 전화가 도청을 당한다면 어떻게 대응하시겠습니까?

06

질문 진행 사례

(1) 어려운 일을 도전해 성공한 경험이 있는가?

· 그때 무엇이 가장 큰 어려움이었나?

· 그 어려움을 어떻게 극복했나? 자신은 거기서 무슨 역할을 맡았나?

· 직접 찾아가는 것 말고도 또 다른 방법이 있지 않았을까?

· 거기서 얻은 교훈은 무엇인가?

(2) 자신의 부족한 점을 보완하기 위해 노력한 경험이 있는가?

· 왜 굳이 운전하는 것으로 공간지각능력을 키우려했었나?

· 그 둘 사이에는 무슨 관계가 있는가?

· 아는 길만 외워서 다니는 게 그 능력을 키우는데 과연 도움이 될까?

(3) 상금을 다른 목적으로 사용할 수도 있지 않았나?

(4) 마지막으로 면접관에게 하고 싶은 말이 있다면 하도록

· 없습니다.

* 면접관이 큰 의미 없이 마지막 인사로 한 말이다.

여기에 추가하여 관심 분야에 대한 몰입의 중요성을 강조해 다음 항목을 고려한다. 은행의 직무능력(Ability), 태도(Attitude), 적성(Aptitude)을 알아본다.

*** 직무능력(Ability)**

– 업무 특성상 영어가 필수인 국제금융이나 딜러(dealer) 등 특정 업무를 담당하는 직무는 고급영어실력이 요구된다.

– IT업무는 전산, 컴퓨터 관련 지식이 있어야 한다.

– 리스크 관리와 계리업무를 담당하는 직원은 재무관리와 회계학 지식이 있어야 한다.

– 공인회계사 자격증을 가진 직원은 은행업무에 수요가 많지 않다. 은행 전체로 몇 명 정도면 충분하다. 공인회계사 자격증 소지자 우대 조건으로 채용되어 현실적으로 크게 우대를 받을 업무가 없다. 공인회계사 자격증 소지자는 회계법인을 선택할 것을 추천한다.

*** 태도(Attitude)**

– 균형 잡힌 인간관계가 요구된다.

* 적성(Aptitude)

- 우리는 어떤 일을 말할 때 ○○업무는 적성에 맞는다, 혹은 적성에 맞지 않는다는 말을 많이 한다.

- 덤벙대는 사람은 은행업무에 적성이 맞지 않는다. 일을 꼼꼼히 처리하는 사람을 선호한다.

- 진보적 성격보다 보수적(保守的) 성격의 사람이 은행업무가 적성에 맞는다. 은행업무는 고객의 재산(돈)을 위탁받아 관리하고, 일정기간 경과 후 원금과 이자까지 반환해야 하므로 원천적으로 성격이 보수적이어야 한다.

- 대고객 서비스정신이 투철해야 한다. 근본적으로 은행도 상인이므로 일정한 수익을 창출해야 한다. 적극적으로 업무를 수행해야하므로 적극적인 비즈니스 마인드가 요구된다.

- 기본적으로 보수적 성향의 성격을 바탕으로 적극적인 업무추진력이 있어야 한다. 현실에서 이 두 성격의 조화가 쉽지 않다. 보수를 강조하면 소극적이 되고, 지나치게 업무추진력을 강조하면 실수할 가능성이 크다.

PART 10

앙케이트

* 은행과 이름은 실명이다.

Q. 자기소개를 부탁합니다.
HSBC에서 자산관리(PB)를 담당하고 있습니다.

Q. 현재 어떤 업무를 담당하고 계십니까?
PB로 일하고 있습니다.

Q. 은행에서의 장래 비전은 무엇입니까?
능력 있는 PB입니다.

Q. 귀하가 생각하는 바람직한 은행원상(신입직원)은 무엇이라고 생각합니까?
성실과 최선을 다하는 사람입니다.

Q. 귀하는 어떤 직원(은행원)과 함께 근무하기를 원합니까?
배려가 많은 사람, 능력 있는 사람입니다.

Q. 은행 취업을 준비하는 학생에게 해주고 싶은 조언은 무엇입니까?
서비스마인드와 전문지식(자격증)이 아닐까 합니다.

* 은행과 이름은 실명이다.

Q. 자기소개를 부탁합니다.

안녕하십니까? 저는 국민은행 홍익대 와우존 김인성 지점장입니다. 1990년도에 홍익대 경영학과에 입학해, 1996년도 은행에 입행했습니다. 금촌, 장충동, 돈화문지점 등의 일반점포에 근무했으며, 기업금융부, 기업상품부 등의 본부부서에서 업무를 익혔습니다. 2011년 3월 홍익대 와우존 일명 락스타지점을 개점하면서 현재까지 지점장으로 근무하고 있습니다.

Q. 현재 어떤 업무를 담당하고 계십니까?

지점의 전체적 총괄 및 대외섭외업무, 특히 락스타 홍보에 많은 노력을 하고 있습니다.

Q. 은행에서의 장래 비전은 무엇입니까?

개인금융 및 기업금융을 동시에 취급할 있는 금융전문가입니다.

Q. 귀하가 생각하는 바람직한 은행원상(신입직원)은 무엇이라고 생각합니까?

은행원으로서 정직함은 기본으로 있어야 하며 주어진 목표는 어떻게든 달성하려고 하는 열정, 또는 승부근성, 조직 및 조직원들과 융화할 수 있는 융화력이 필요합니다.

Q. 귀하는 어떤 직원(은행원)과 함께 근무하기를 원합니까?

일단 남을 배려하는 마음이 있는 사람, 조직원에 부여된 목표는 달성하고자 하는 욕심이 있는 사람, 조직이나 동료들에게 활력을 불어넣는 사람을 원합니다.

Q. 은행 취업을 준비하는 학생에게 해주고 싶은 조언은 무엇입니까?

은행 채용 담당자의 인터뷰 기사를 많이 활용해 일단은 채용 담당자가 원하는 사람이 되고자 하는 노력을 해야 합니다. 그런 노력의 결과를 자소서에 어떻게 어필하는냐를 연구하는 것이 가장 필요하다고 생각됩니다.

또한 인터넷 기사보다는 경제신문을 구독해 전반적인 금융지식 및 경제지식 습득에 대한 꾸준한 노력을 했으면 합니다. 금융권에 진출하고자 하는 학생들끼리 스터디를 통해 집단토론이나 모의면접 실시 등 제반사항을 꾸준히 연습했으면 합니다.

김인수 ㅇㅇ은행 계장

* 은행과 이름은 비실명 처리하고 내용은 수정하지 않았다.

Q. 자기소개(대학에서의 전공 포함)를 부탁합니다.

건국대학교 경제학교를 졸업하고 2010년도 하반기 공채로 ㅇㅇ은행에 입사했습니다.

Q. 현재 어떤 업무를 담당하고 계십니까? 은행에서의 장래 비전은 무엇입니까?

현재 예금계를 담당하고 있으며, 이후 커리어를 쌓아 본점 자금부에서 근무하는 게 목표입니다.

Q. 은행을 직장으로 선택하게 된 동기는 무엇입니까?

장기근속을 생각할 경우 여성이 근무하기에 가장 좋은 조건이라고 생각했습니다(육아휴직, 여성책임자 등이 많은 환경 등).

Q. 언제 은행 취업을 결정했습니까?

대학교 2학년 때입니다.

Q. 실질적으로 얼마동안 준비를 했습니까?

약 1년 정도입니다.

Q. 간단한 자신의 스펙을 알려 주십시오.

학점은 평점 4점대 이상(4.5 환산), 토익 950점 이상, Opic AL, 기타 어학연수 경험이
있습니다.

Q. 은행 취업 과정에 가장 힘들었던 것은 무엇이었습니까?

실무진면접의 합격률은 높은 편이었으나 임원면접 결과가 좋지 않았습니다(첫인상을
많이 보는 요인이 작용하지 않았나 하는 생각이 듭니다).

**Q. 흔히 자기소개서 작성이 가장 힘들다고 합니다. 후배들을 위한 조언을 부탁합
니다.**

제일 처음 대학교 1학년 때부터 4학년까지 본인이 경험한 것들을 A4 한 장에 시기별로
정리해봅니다. 봉사활동, 동아리, 어학연수, 아르바이트 등을 넣어 상세히 기술하면 좋
을 것 같습니다. 그리고 주요 사건이나, 이벤트, 강조할 점 등을 간단히 기재해 둡니다.
이후 자소서를 쓰게 될 경우 각 질문에 적합한 경험들은 뽑아 스토리로 푸는 방식으로
하면 도움이 될 것 같습니다.

Q. 효과적인 면접 팁을 부탁합니다.

막상 면접관들은 질문을 던지고 답변자의 답변 내용에는 주의 깊게 듣지 않는다고 들었
습니다. 차분하고 자신 있게 답변하는 자세가 가장 기본이라고 생각합니다.

Q. 취업준비생을 위한 조언을 부탁합니다.

취업이 힘들다 들었지만 막상 처음 준비할 때는 초조함이 없었습니다. 그러다 서류가
낙방하고, 면접이 낙방하는 과정에서 자신감을 잃었던 시기도 있었습니다. 취업은 중장
거리 달리기 같다고 생각합니다. 초반의 열심히 하겠단 자세를 포기하지 않고 유지하면
좋은 성과가 있을 것입니다.

홍지은 ○○은행 계장

Q. 자기소개(대학에서의 전공 포함)를 부탁합니다.

경희대 경제학을 전공하고 입사한 지 이제 곧 1년이 되어가는 신입 아닌 신입 행원입니다.

Q. 현재 어떤 업무를 담당하고 계십니까? 그리고 은행에서의 장래 비전은 무엇입니까?

현재 입지급을 담당하고 있으며, ○○은행 수출입 전문가가 되고 싶다는 것이 저의 비전입니다.

Q. 은행을 직장으로 선택하게 된 동기는 무엇입니까?

안정적이고 보수가 높으며 일반회사와는 다른 전문적인 업무를 할 수 있는 것이 좋아서 선택하게 되었습니다.

Q. 언제 은행 취업을 결정했습니까?

대학교 4학년 때입니다.

Q. 실질적으로 얼마동안 준비했습니까?

은행만을 위해 따로 준비하지는 않았고, 전반적인 취업 준비를 3개월 정도 했습니다.

Q. 간단한 자신의 스펙을 알려주세요.

학부 학점 3.7은 토익 960, 입사 당시 금융 관련 자격증은 없었습니다.

Q. 은행권 취업에 가장 힘들었던 것은 무엇이었습니까?

1차 면접, 합숙면접, 임원면접 이렇게 면접이 3차례나 계속되니 아무래도 면접을 볼 때마다 심적 부담감이 가장 컸던 것 같습니다. 다른 회사에 비해 은행이 면접에 대한 가중

치가 높고 한 번 면접 볼 때마다 장시간을 요해서 힘들었습니다.

Q. 흔히 자기소개서 작성이 가장 힘들다고 합니다. 후배들을 위해 조언을 부탁합니다.

자기소개서는 면접을 볼 때 질문을 만들어 내는 재료가 됩니다. 어휘력과 문장력을 보는 게 아니라 본인을 소개하는 것인 만큼 유명한 명언을 쓴다거나 추상적이고 어렵게만 쓴다면 나중에 면접볼 때 오히려 공격을 당하게 되므로 소신껏 자기의 말로 자신을 표현하는 게 편하게 면접을 볼 수 있는 팁인 것 같습니다.

Q. 효과적인 면접 팁을 부탁합니다.

은행은 아무래도 서비스업이다 보니 인상이 중요한 것 같습니다. 면접관의 질문에 당황하게 되더라도 표정에 드러내는 것보다는 침착하게 웃으면서 응대하는 방법이 면접에서 유리한 것 같습니다.

Q. 취업준비생을 위한 조언을 부탁합니다.

취업준비를 할 때는 매번 자기소개서만 쓰는 게 힘들고 지루하게 느껴지더라도 자기가 첫 직장으로 다닐 곳을 좀 더 고민해서 심사숙고하고 고른다고 생각하시고 여유를 갖는 게 좋습니다.

차윤아 ○○은행 계장

* 은행과 이름은 비실명 처리하고 내용은 수정하지 않았다.

Q. 자기소개(대학에서의 전공 포함)를 부탁합니다.

고려대학교 서어서문학과를 졸업했습니다.

Q. 현재 어떤 업무를 담당하고 계십니까? 그리고 은행에서의 장래 비전은 무엇입니까?

개인금융 영업점에서 외환업무와 APB(PB 보조업무)를 담당하고 있습니다. 향후 APB–주니어PB–예비PB 과정을 거쳐 최종적으로 고객의 마음을 이끌 수 있는 PB가 되는 것이 목표입니다.

Q. 은행을 직장으로 선택하게 된 동기는 무엇입니까?

미래를 이끌어 나갈 산업이 금융권이라고 생각했기에 금융권 선택하게 되었습니다. 금융권 중에서도 경영이나 경제를 전공하지 않은 비전공자들에게 관대한 곳이 은행이었기 때문에 은행권을 집중적으로 공략했습니다.

Q. 언제 은행 취업을 결정했습니까?

대학교 3학년 때 진로를 고민하던 시기에 여러 산업에 대해서 알아보고 결정했습니다.

Q. 실질적으로 얼마동안 준비했습니까?

대략 2년의 시간이 필요했습니다.

Q. 간단한 자신의 스펙을 알려주세요.

학부 학점 3.9, 토익 915, 외환은행 인턴, 농협중앙회 인턴 경력이 있었고 자격증은 자산관리사, 펀드투자상담사가 있었습니다.

Q. 은행권 취업에 가장 힘들었던 것은 무엇이었습니까?

어문학 전공이었기 때문에 면접을 위해 경영과 경제 관련 지식을 공부하는 것이 힘들었습니다.

Q. 흔히 자기소개서 작성이 가장 힘들다고 합니다. 후배들을 위해 조언을 부탁합니다.

시각적으로 읽기 쉬운 자소서를 작성(소제목 작성 및 단락 나눔, 띄어쓰기 등)해야 합니다. 추상적이고 멋있는 말보다는 경험에서 우러나온 구체적인 경험에 의한 자소서 작성하는 것이 효과적입니다. 창의적 소제목을 다는 것도 중요한데, 소제목을 읽었을 때 어떤 내용일지 궁금증을 일으키면 성공이라 할 수 있습니다.

Q. 효과적인 면접 팁을 부탁합니다.

긍정적이고 겸손한 자세, 환하게 웃는 인상이 도움이 됩니다. 다만 과도하게 자신의 강점을 어필하거나 말이 너무 많은 것은 오히려 역효과를 줄 수 있습니다.

Q. 취업준비생을 위한 조언을 부탁합니다.

비상경계열이면 자격증 한두 개쯤은 준비하는 것이 좋습니다. 서비스업에 맞는 이미지 메이킹이 필요합니다.

박경식 ○○은행 계장

* 은행과 이름은 비실명 처리하고 내용은 수정하지 않았다.

Q. 자기소개(대학에서의 전공 포함)를 부탁합니다.

국민대학교 경영학(경제학 복수전공)을 전공했습니다.

Q. 현재 어떤 업무를 담당하고 계십니까?

방카, 펀드 등 수신제반업무 및 환전, 해외송금 등의 외환업무를 합니다.

Q. 은행에서의 장래 비전은 무엇입니까?

외국고객부, 외환업무부 등 다양한 부서에서 경험을 쌓아 외환전문가가 되고 싶습니다. 나아가 관련 분야의 전문가로서 프리랜서처럼 활동 가능할 정도의 능력을 키울 것입니다.

Q. 은행을 직장으로 선택하게 된 동기는 무엇입니까?

전공을 살릴 수 있고, 계속 관련 분야의 공부를 이어갈 수 있었습니다. 또 다양한 부서에서 근무함으로써 외환 분야만이 아니라 수출입, 기업금융 등 더 많은 분야의 업무능력을 발전가능성을 열어 둘 수 있어서 스스로 자기계발이 가능하다는 점, 또 여성의 복지가 잘 되어 있다는 점도 큰 동기가 되었습니다.

Q. 언제 은행 취업을 결정했습니까?

대학교 4학년 때입니다.

Q. 실질적으로 얼마동안 준비했습니까?

6개월 정도입니다.

Q. 간단한 자신의 스펙을 알려주세요.

학점은 4.5 만점에 4.34였습니다. 자격증은 입행 전 파생상품투자상담사, 증권투자상담사, 증권FP, 컴퓨터활용능력 2급이 있었고, 입행 후 AFPK, 외환관리사, 변액보험판매관리사, 손해보험대리점자격, 생명보험대리점자격, 펀드투자상담사를 취득했습니다. 토익 950점, 어학연수 1년, 인턴 경험은 한국산업은행(약 6개월), 국제정책대학원(1개월)이 있었습니다. 봉사활동은 UN 주최 세계 말라리아의 날 기념 국내 봉사활동, 어린이재단에서 주최하는 KBS의 불우이웃돕기 방송 등이었습니다.

Q. 은행권 취업에 가장 힘들었던 것은 무엇이었습니까?

다양한 유형의 3단계 면접 준비를 위해 끊임없이 나 자신에 대해 질문을 하고 답을 생각하는 과정에서 시간이 많이 소요되었습니다. 은행에서 바라는 진정한 인재상에 대해 계속 고민해야 했습니다. 은행에 대한 정보를 웹사이트에 의존하는 데에는 한계가 있어서 주위의 은행원 지인이 있었으면 더 쉬웠을 것이라 생각합니다.

Q. 흔히 자기소개서 작성이 가장 힘들다고 합니다. 후배들을 위해 조언을 부탁합니다.

거창하고 두루뭉술하게 쓰기보다는 사소한 경험이더라도 그 경험에서 얻은 가치를 어떻게 잘 표현하느냐가 중요합니다.

Q. 효과적인 면접 팁을 부탁합니다.

답변을 할 때에는 항상 두괄식, 주장과 근거, 경험을 기본바탕으로 하며, 너무 길지 않게 답변을 하고 논리성을 잃지 않는 것이 중요합니다. 신뢰를 줄 수 있도록 항상 면접관의 눈을 한 분 한 분 돌아가면서 맞추되, 과도한 리액션을 하지 않고 옆 지원자가 답변

할 때에도 고개를 살짝 끄덕이며 머리로는 나의 답변을 생각해야 합니다.

Q. 취업준비생을 위한 조언을 부탁합니다.

원하는 곳을 10곳 정도 선정해 그 회사를 중점적으로 자소서를 씁니다. 자소서는 최소 하루, 길게는 2~3일도 걸릴 수 있으니 시간을 충분히 들여 쓰면 됩니다.

고진환 ○○은행 계장

*은행과 이름은 비실명 처리하고 내용은 수정하지 않았다.

Q. 자기소개(대학에서의 전공 포함)를 부탁합니다.

단국대 경영학과를 졸업했습니다.

Q. 현재 어떤 업무를 담당하고 계십니까?

외환CRM, 퇴직연금, 예금상담을 주로 하고 있습니다.

Q. 은행에서의 장래 비전은 무엇입니까?

외환전문가가 되는 것입니다.

Q. 은행을 직장으로 선택하게 된 동기는 무엇입니까?

안정적인 이미지 때문입니다.

Q. 언제 은행 취업을 결정했습니까?

대학생 때입니다.

Q. 실질적으로 얼마동안 준비했습니까?

사실 크게 따로 한건 없습니다.

Q. 간단한 자신의 스펙을 알려주세요.

금융자격증, 은행 인턴 경험 정도가 전부입니다.

Q. 은행권 취업에 가장 힘들었던 것은 무엇이었습니까?

자소서 쓰기였습니다.

Q. 흔히 자기소개서 작성이 가장 힘들다고 합니다. 후배들을 위해 조언을 부탁합니다.

솔직하고 자신만의 개성이 드러나도록 쓰는 것이 중요한 것 같습니다.

Q. 효과적인 면접 팁을 부탁합니다.

자신감 있게, 능동적인 자세로 임하는 것이 중요합니다.

Q. 취업준비생을 위한 조언을 부탁합니다.

너무 조급해하지 말고 차분히 준비하다 보면 좋은 결과가 있을 것입니다.

송은미 ○○은행 계장

Q. 자기소개(대학에서의 전공 포함)를 부탁합니다.

동국대학교 정치외교학을 전공(경제학 복수전공)했습니다.

Q. 현재 어떤 업무를 담당하고 계십니까?

가계대출업무 및 수신 외환업무를 담당하고 있습니다.

Q. 은행에서의 장래 비전은 무엇입니까?

PB 또는 대출 심사역입니다.

Q. 은행을 직장으로 선택하게 된 동기는 무엇입니까?

여자에게 안정성과 높은 소득을 제공하는 직업이라 판단되어 선택하게 되었습니다.

Q. 언제 은행 취업을 결정했습니까?

대학교 3학년 때 결정하게 되었습니다.

Q. 실질적으로 얼마동안 준비했습니까?

대략 1년 반 정도 준비했습니다.

Q. 간단한 자신의 스펙을 알려주세요.

보유한 자격증은 AFPK, 증권투자상담사, 펀드투자상담사, 파생상품투자상담사 등이 있습니다. 외환은행 인턴, 금융 관련 봉사활동, 학점 4.0이었습니다.

Q. 은행권 취업에 가장 힘들었던 것은 무엇이었습니까?

주전공(정치외교학)과는 거리가 먼 분야였기 때문에 금융권과 관련된 활동과 자격증 취득을 위해 노력했던 부분이 힘들었습니다.

Q. 흔히 자기소개서 작성이 가장 힘들다고 합니다. 후배들을 위해 조언을 부탁합니다.

비현실적인 이야기나 과장된 문구는 지양하고 수치와 경험에 근거한 자소서 작성을 지향하기 바랍니다.

Q. 효과적인 면접 팁을 부탁합니다.

면접관과 눈을 마주치고 정확한 시선 처리, 미소, 당황하지 않는 자세, 절실함이 포인트입니다.

Q. 취업준비생을 위한 조언을 부탁합니다.

은행 취업에 성공할 수 있었던 비결은 선택과 집중이었습니다. 다른 곳은 생각하지 않고 오로지 은행 취업을 생각하고 노력했기에 이룬 결과라 생각합니다. 무조건 인기 있는 기업, 남들이 알아주는 직장이 아닌, 자신이 가고 싶은 직장을 꼽아서 준비한다면 반드시 취업에 성공할 것입니다.

이동우 ㅇㅇ은행 계장

Q. 자기소개(대학에서의 전공 포함)를 부탁합니다.

성균관대학교 경제학과를 졸업해 2009년 ㅇㅇ은행에 입행한 이ㅇㅇ입니다.

Q. 현재 어떤 업무를 담당하고 계십니까? 은행에서의 장래 비전은 무엇입니까?

ㅇㅇ은행 ㅇㅇ지점에서 대출업무를 담당하고 있습니다. 제 관심 분야는 수출입업무인데, 관심 분야의 적성을 살려 향후 금융권 수출입업무의 제도 및 상품 개발을 하는 것이 제 목표입니다.

Q. 은행을 직장으로 선택하게 된 동기는 무엇입니까?

무엇보다 은행에 입사한다면 제가 흥미를 가지고 적성에 맞는 일을 할 수 있을 것 같다는 확신이 들어 은행을 직장으로 선택하게 되었습니다.

Q. 언제 은행 취업을 결정했습니까?

대학교 4학년 때 본격적인 취업 준비를 하며, 최종면접 당시 취업하기로 결정했습니다.

Q. 실질적으로 얼마동안 준비했습니까?

당초 금융권으로의 취업에 생각이 없었기에 실질적인 준비기간은 2주 정도입니다.

Q. 간단한 자신의 스펙을 알려주세요.

워드프로세서 1급과, 인턴 경험, 해외 봉사활동이 있습니다.

Q. 은행권 취업에 가장 힘들었던 것은 무엇이었습니까?

은행권의 채용인원이 많다는 점은 취업준비생 입장에서 좋은 점이지만, 그만큼 1차합격자 수도 많으며 합숙면접 등 특이한 면접 형태가 많아 무엇을 준비해야 할지 난감한 경우가 있습니다. 또한 은행권은 채용 시기가 이르기 때문에 꼼꼼하게 준비하지 못했습니다.

Q. 흔히 자기소개서 작성이 가장 힘들다고 합니다. 후배들을 위해 조언을 부탁합니다.

자기소개서에 자기만의 색깔을 드러나게 하는 것이 중요합니다. 모두의 이야기가 아닌, 자기만의 이야기를 들려줘야 합니다. 꼭 신문기사나 자기계발서가 아니더라도 잡지나 만화책 또는 소설책을 읽다가도 인상 깊은 구절, 의견 등을 메모해두었다가 자기소개서 작성 시 활용하는 것도 좋은 방법입니다.

Q. 효과적인 면접 팁을 부탁합니다.

가장 효과적인 면접은 예상 질문을 미리 생각해 완벽한 답변을 작성한 뒤 암기해서 방금 생각난 듯이 자연스레 말하는 것입니다. 이것이 어렵다면 어떠한 질문이든 자기의견, 구체적 사례와 이유, 반대의견 언급, 결론의 틀을 가지고 답변하도록 노력해야 합니다.

Q. 취업준비생을 위한 조언을 부탁합니다.

끊임없는 탈락을 경험하게 되면 적성과 흥미보다는 취업 자체가 인생의 목표로 보이기도 합니다. 삶의 목표가 취업이 아닌 만큼 인내심을 가지고 원하는 분야로의 진로를 위해 노력하는 것이 중요합니다.

Q. 자기소개(대학에서의 전공 포함)를 부탁합니다.

숙명여대 경영학과를 졸업했습니다.

Q. 현재 어떤 업무를 담당하고 계십니까?

상담창구에 앉아 있습니다. 외환업무, 수신업무를 담당합니다. 은행 근처에 회사가 많아 해외송금업무가 많습니다.

Q. 은행에서의 장래 비전은 무엇입니까?

해외점포에서의 근무, 개인금융전문가, 기업금융전문가 등의 커리어를 쌓아갈 수 있습니다.

Q. 은행을 직장으로 선택하게 된 동기는 무엇입니까?

안정적인 직장, 주5일 근무, 육아휴직 등의 복지, 임금 수준 때문이었습니다.

Q. 언제 은행 취업을 결정했습니까?

3학년 마치고 휴학기에 결정했습니다.

Q. 실질적으로 얼마동안 준비했습니까?

본격적으로는 1년 정도 준비한 것 같네요(인턴도 1년 안에).

Q. 간단한 자신의 스펙을 알려주세요.

AFPK, 한국무역보험공사 인턴, 삼성생명 인턴, 국민은행 인턴 등을 했습니다.

Q. 은행권 취업에 가장 힘들었던 것은 무엇이었습니까?

자기소개서 작성이 아닐까 합니다.

Q. 흔히 자기소개서 작성이 가장 힘들다고 합니다. 후배들을 위해 조언을 부탁합니다.

사실 이건 저도 잘 못하는 부분이긴 한데, 자소서는 자신의 경험을 재미있게 풀어 쓰는 것이 무엇보다 중요한 것 같습니다. 하지만 잊지 말아야 할 것은 무엇보다 내가 이곳에 취업해야 하는 이유를 항상 내포하고 있어야 한다는 것입니다.

Q. 효과적인 면접 팁을 부탁합니다.

약 3개월간만 신문을 정독하면, 면접볼 때 최근이슈에 대해서는 충분히 답하실 수 있으실 것입니다. 토론은 평소 찬반의견을 정리해 놓는 습관을 통해서 인성면접은 웃는 연습과 나에 대한 충분한 이해와 자신감으로 발표나 상황면접에서는 순발력이 중요하니, 이것은 연습이 필요할 것 같습니다. 면접 스터디를 구성해서 사람들과 연습하고, 피드백을 받으면 많은 도움이 될 것입니다.

Q. 취업준비생을 위한 조언을 부탁합니다.

나의 경험이 어떤 것이든지, 가고자 하는 분야를 위해 준비한 것처럼 잘 포장해야 합니다. 그리고 자신감과 웃는 표정은 필수입니다. 나를 뽑아주는 회사가 분명이 있습니다. 자신감을 잃지 말고 열심히 도전하세요.

박병진 ㅇㅇ은행 계장

* 은행과 이름은 비실명 처리하고 내용은 수정하지 않았다.

Q. 자기소개(대학에서의 전공 포함)를 부탁합니다.

숭실대학교에서 경제학을 전공했습니다.

Q. 현재 어떤 업무를 담당하고 계십니까? 은행에서의 장래 비전은 무엇입니까?

현재 소매 점포에서 가계 및 기업대출업무를 맡고 있습니다. 장래에는 자산운용이나, 자산관리PB 쪽으로 진출하고 싶습니다.

Q. 은행을 직장으로 선택하게 된 동기는 무엇입니까?

안정적 이미지와 높은 급여, 무엇보다도 적성에 맞을 것 같아 선택하게 되었습니다.

Q. 언제 은행 취업을 결정했습니까?

대학교 4학년, 3학년 때까지는 증권회사를 준비하고 있었으나, 대학 3학년 겨울방학 때 은행에서의 인턴 경험이 진로를 바꾸게 되는 계기가 되었습니다.

Q. 실질적으로 얼마동안 준비했습니까?

금융권이란 포괄적인 준비기간을 합치면 2년 정도가 됩니다.

Q. 간단한 자신의 스펙을 알려주세요.

금융자격증 7개 및 기타 한자, 컴퓨터 등 자격증 다수, 토익 950, 학점 4.1, 은행 인턴, 대외기관 봉사단체, 한국증권선물거래소 논문대회 3위 입상 등 다수의 대외활동이 있습니다.

Q. 은행권 취업에 가장 힘들었던 것은 무엇이었습니까?

면접 과정, 합숙면접 등 다수의 은행에서 면접 과정 자체가 신체적으로나 정신적으로 힘들었습니다.

Q. 흔히 자기소개서 작성이 가장 힘들다고 합니다. 후배들을 위한 조언을 부탁합니다.

너무 튀지도, 그렇다고 너무 평범하게도 쓰지 않는 것이 포인트입니다.

Q. 효과적인 면접 팁을 부탁합니다.

열정적이고, 간절한 면을 보이면서, 같이 일하고 싶은 사람처럼 보여야 합니다.

Q. 취업준비생을 위한 조언을 부탁합니다.

취업 자체에 스트레스를 받지 말고, 최선을 다하면 꼭 좋은 결과가 있을 거라고 생각합니다. 생각보다 취업의 문은 넓을 수 있습니다. 스트레스 받지 않는 게 가장 중요합니다.

* 은행과 이름은 비실명 처리하고 내용은 수정하지 않았다.

Q. 자기소개(대학에서의 전공 포함)를 부탁합니다.

연세대학교 경제학과를 졸업하고 현재 ○○은행 역삼역지점에서 기업금융을 담당하고 있는 김○○라고 합니다.

Q. 현재 어떤 업무를 담당하고 계십니까? 은행에서의 장래 비전은 무엇입니까?

기업여신을 담당하고 있으며, 그 외 외환과 수출입업무를 하고 있습니다. 향후 자금 관리나 리스크 관리 쪽으로 진로를 키울 생각입니다.

Q. 은행을 직장으로 선택하게 된 동기는 무엇입니까?

전반적으로 금융 분야를 두루두루 섭렵할 수 있는 계기라고 생각해서 첫 직장으로 선택하게 되었습니다.

Q. 언제 은행 취업을 결정했습니까?

취업 시즌이 되어 합격통보가 제일 먼저 온 곳이 은행이어서 입행하게 되었습니다.

Q. 실질적으로 얼마동안 준비했습니까?

원래 은행을 직장으로 가질 생각이 없어서 따로 준비한 것은 없습니다.

Q. 간단한 자신의 스펙을 알려주세요.

은행 관련 자격증은 금융 3종 정도였고, 나머지 특별한 자격증은 없었습니다.

Q. 은행권 취업에 가장 힘들었던 것은 무엇이었습니까?

앞서 얘기했듯 원래 은행을 목적으로 준비한 것이 아니었기 때문에 면접에서 관련 질문을 받으면 당황하는 경우가 더러 있었습니다.

Q. 흔히 자기소개서 작성이 가장 힘들다고 합니다. 후배들을 위해 조언을 부탁합니다.

너무 미화시키지 않고 솔직하게 쓰는 것이 가장 좋은 것 같습니다!

Q. 효과적인 면접 팁을 부탁합니다.

무조건 깔끔한 인상을 남기는 것이 중요합니다!

Q. 취업준비생을 위한 조언을 부탁합니다.

서류를 제출할 때는 솔직하게 작성하는 것이 중요합니다. 면접 시에는 깔끔한 인상과 정확한 자기표현을 하는 것이 합격의 지름길이라고 생각합니다.

Appendix

부록

* 부록의 내용들을 꼭 읽어보고 자기소개서 작성과 면접에 참고하도록 하자.

01

은행직무 2

이비즈니스(e-Business)

* e-Biz(홈페이지, e-Mail, e-Mail 마케팅 등)업무에 대한 추진방안 수립 및 실행, 전자금융업무의 신규수익 창출을 위한 방안 연구 및 제시, 신종 전자금융업무 도입을 위한 정보 수집 및 업무 적용, 창구업무의 온라인화를 위한 방안 등을 수립한다.
* 수수료 수입 극대화를 위해 제휴업무 및 전자금융 활성화를 위한 마케팅 계획을 수립·추진하며 전자금융업무의 실적 관리 및 합리적인 평가 방안을 수립한다.

IT

* 전산업무 제반 현황 파악 및 타행과 비교·분석하여 전산조직의 개선사항을 검토하고 전산업무 운영계획 등을 수립한다. 전산교육, 전산보안 및 전산감사, IT업무 및 프로젝트 추진 등 전략과 관련된 제반활동을 담당한다.
* 각종 전산기기의 신규, 교체, 증설 등 기기구입 계획을 수립하고 이를 적재적소에 배치함으로써 대고객업무 및 각종 영업활동이 원활히 수행될 수 있도록 지원하는 업무를 담당한다.

PB(Private Banking)

* PB(본부)는 고소득 개인고객의 전담관리를 위해 PB 영업인력을 양성하고 양질의 자산종합관리 서비스를 제공한다. 우수고객 영업기반 강화와 수익성 향상을 도모하기 위한 제반활동 및 정보를 제공한다.
* PB(영업점)은 개인영업기반의 유지 및 확충을 위해 우수개인고객을 대상으

로 여신, 수신, 외환, 신용카드 등의 상담업무와 종합자산관리 서비스, 정보
수집 및 고객관리활동을 담당한다. 신규우수고객 유치 등 마케팅활동을 담당
한다.

개인금융

* 수시입출금식예금, 정기예적금, 출납, 자동화기기, 계산, 어음교환, 판매 및
  수납대행, 방카슈랑스 등 개인영업 전반에 대한 업무를 담당한다.
* 카드 및 가계대출업무를 처리하며 사후 관리를 담당한다. 창구거래와 상품
  마케팅활동 등을 수행하고, 고객 관리와 부수업무 및 수명사항을 담당한다.
* 개인고객업무 전반에 관한 사항을 기획·조정한다. 개인고객 관련 각종 제도,
  수신 및 가계대출 대내외 규정, 사후 관리, 금융실명제, 주택청약업무, 금리,
  수수료, 방카슈랑스, 판매 및 수납 대행에 관한 업무를 기획 개선·관리하는
  일을 담당한다.
* 신상품 개발, 수신금리 및 수수료 기획, 수신 관련 규정 및 제도 개선, 상품성
  분석을 담당한다. 상품 개발에 관한 전반적인 일을 처리한다.
* 마케팅 전략을 수립·추진하고 집중 마케팅 전개, 프로모션 추진, 개인고객팀
  평가에 관한 업무를 기획하고 개선한다.
* 각종 마케팅 정보자료 제공 등 영업점 마케팅 업무를 체계적·효율적으로 추
  진한다.
* CS 기획 및 평가업무를 수행하고, CS 교육자료를 개발 및 보급해 CS 수준 향
  상을 도모한다. 효율적 ‘고객의 소리’ 관리로 내·외부 고객만족도 향상을 꾀
  한다. 직원교육을 통한 CS 의식 강화를 위해 고객응대, 전화응대 기법에 대
  한 교육을 실시하며 각종 CS 교육자료를 개발 및 보급하는 등 제반활동을 담
  당한다.

검사

* 감사규정, 제도 등 일반·특별감사업무 전반에 관한 업무를 기획하고 감사 결
  과 지적사항에 대한 사후관리업무 및 대외기관 관련 업무, 금융사고 관련 업
  무를 총괄한다.

* 영업점 일상거래 중 사고취약거래와 오류발생 개연성이 있는 거래에 대하여
  실시간으로 점검하고, 감사를 통해 업무 취급의 제규정 준수 여부와 사고 취
  약 부문을 점검해 지도 및 시정조치한다. 사고와 부실 여신 발생을 예방하는
  실무를 담당한다.
* 감사대상부점에 임점하여 업무감사를 통해 사고예방과 자산의 건전성 제고
  를 유도하는 등 업무 전반에 대한 감사를 실시한다.
* 자율사정기능 및 상시감시체계 강화 등 은행의 경쟁력 강화 및 건전한 지장
  풍토를 조성하는 데 주도적이고 실무적인 역할을 담당한다.

경영관리

* 비전 및 업무계획을 반영하여 각 단위 조직의 경영실적을 종합적으로 측정하
  기 위한 평가기준 및 절차를 정한다. 경영실적을 평가함으로써 경영효율성을
  제고하고 경영목표를 달성토록 하는 제반 평가활동을 실시한다.
* 은행 전체의 목표이익을 수립하고, 이를 달성하기 위해 이익목표 배정 및 목
  표대비 실적 점검, 손익예상 등 이익관리업무를 수행하며, 경영진 및 내부이
  용자에 의사결정에 도움이 되는 경영분석자료 및 재무정보를 제공하는 제반
  업무를 담당한다.
* 경영활동으로부터 발생하는 수익과 비용을 감안하여 내부금리, 활동기준업
  무원가, 신용위험비용 등 제반원가를 산출하고 수익성을 분석한다. 관리회계
  재무제표 작성, 수수료 관련 업무의 효율적인 추진 지원 및 조직별·고객별·
  상품별로 정보를 분석·제공 및 사업부제 지원업무를 담당한다.

경영기획

* 경영전략 및 경영목표 수립을 위한 자료의 수집 및 점검과 부서별 목표이행
  여부를 점검하며, 경영진의 의사결정 지원을 위해 회의체 운영을 담당한다.
* 일반관리비 및 자본예산을 편성하고, 효율적인 자원배분을 통해 경영목표 및
  업무계획 달성을 지원하기 위해 편성예산과 기부금의 실제 운용계획을 수
  립·실행·관리한다.
* 자회사 및 금융권 공동으로 출자한 출자회사 관련 업무를 수행한다.

* 국회 국정감사의 원활한 수검 및 대외기관 요구 자료 취합, 이사회 회의 안건 수렴 및 의사록 관련 업무를 담당한다.

* 당행 주가가 정당하게 평가받기 위한 효율적인 IR이 될 수 있도록 IR 관련 자료들을 정기적으로 보완·관리하며 IR활동을 추진한다.

* 중장기 성장기반 강화를 위해 수립된 자본금 관리와 소유구조 개선전략에 따라 필요한 업무를 담당한다.

* 임원진의 경영전략 수립과 경영방침 정립 및 경영의사 결정 관련 각종 정보를 수집·분석해 보고하는 경영지원업무를 담당하며 임원의 경영일정 관리 및 의전업무 수행과 특명지시사항을 신속히 처리하는 업무를 담당한다.

경영지원

* 조직전략과 연계된 인사제도를 연구·수립·운용함으로써 인사 관리가 원활히 이루어질 수 있도록 제반업무를 담당한다.

* 경영목표 및 은행 비전 달성을 위한 연수제도의 기획과 과정 개발을 담당하며, 인적자원 개발을 위한 중장기계획을 수립하고, 이의 실행을 위한 세부 프로그램을 개발·운영한다.

고객상담

* 다양한 채널을 통해 동일한 금융 서비스를 받을 수 있도록 상담원의 상담능력 향상, 효율적인 인력 운영을 통한 생산성 향상 및 수익성 제고, 영업점 직원의 업무 경감을 위해 각종 업무를 상담한다.

* 전화집중, 텔레뱅킹, 일반TM, 카드TM 등 고객센터 업무 전반에 대한 지원업무를 수행하여 대고객 서비스의 질적·양적 향상을 위한 영업점 업무를 상담한다.

국제금융

* 국외점포 관리, 국제업무 기획, 국제업무 역량 강화를 위한 지원 등의 업무를 담당한다.

* 외화 자금의 조달과 은행의 전반적인 외화 유동성 관리를 위해 자료와 정보

등을 수집·관리하는 업무를 담당한다. 해외 지점의 장단기 영업전략 수립, 업무 실적 취합 분석 및 현지관행에 적합한 업무별 내규, 약정서 등의 제·개정과 지점의 업무별 프로세스를 수립하는 업무를 담당한다.

기업금융

* 기업고객에 대한 융자 상담 및 여신 취급에 필요한 신용조사, 여신심사, 품의서 작성, 담보권설정서류 및 채권서류 등을 작성·관리하고 여신 사후관리업무를 담당한다. 기업고객의 외환 취급에 필요한 상담, 심사 및 의사결정과 서류징구 및 거래기업을 관리한다. 창구거래와 상품마케팅활동 등을 수행하고, 고객 관리와 부수업무 및 수명사항을 담당한다.
* 기업고객 관련 각종 제도의 기획·대외보고, 여신한도·연체 관리 등 관련 업무를 담당한다.
* 여신업무 계획 및 규정, 제도 등을 수립·추진한다. 신상품 개발, 상품별 금리·수수료 결정, 상품 관련 규정 등을 관리한다. 상품별 판매실적 관리, 리스크 관리, 사후 관리 등을 통해 유용한 상품을 개발 및 기획한다.
* 기업고객 관련 실적 증대를 위한 기획 및 각종 계수 관리를 산출하고, 필요한 정보를 수집·제공한다. 우량 중소기업 발굴·유지·육성을 위한 기획업무를 수행하여 기업고객 부문의 실적 증대를 지원하고 영업조직별 이익목표 배정·관리 등의 업무를 담당한다.
* 각종 재정기금자금의 차입, 자금 대여, 상환 및 결산 등의 업무를 수행하고 융자 관련 제규정 제정, 개정 및 신규자금과 영업점 지도· 마케팅업무를 담당한다. 기업금융 대상 고객의 여신 및 외환업무를 관리하며 신규 발굴과 고객 관리업무를 담당한다.

리스크 관리

* 은행 차원의 신용리스크 관리 및 건전성 관리를 위해 리스크 관리 기획, 자산 건전성 분류 및 대손충당금 적립, 신용위험비용 및 사후정산, BIS비율 관리, 업종별 분석 및 신상품 리스크 분석 등의 실무를 담당한다.
* 시장 리스크 관리를 위해 한도를 설정하고 일별 리스크의 측정 및 보고, ALM

포트폴리오 집중도를 관리하는 업무를 수행하고, 가격변동 리스크의 측정 및 관리업무를 담당한다.

법무

법률에 적합한 업무 처리를 유도하며 법령심사 등을 통해 법적 분쟁을 사전에 예방하고 윤리경영업무, 자금세탁방지업무를 추진하는 데 주도적·실무적 역할을 담당한다.

시스템 운영

* 온라인 시스템의 안정적 운영 및 최적 상태 유지를 위한 제반업무를 구체적으로 계획·수행·관리하며, 시스템 장애대처능력을 구비한다. 재해에 대한 전산복구 계획을 수립하고 모의훈련 등을 통한 실지 복구능력을 함양한다.
* 네트워크 운영에 필요한 기획안을 수립하고 영업점 전산기기를 안정적으로 관리할 수 있도록 장애 관리, 전산기기 배치를 계획하고 컴퓨터실 운영을 관리한다.
* 고객에 대한 서비스 향상 및 영업점 업무 처리의 편리성을 도모하기 위해 신상품 개발, 업무량 감축을 위한 전산화 확대 및 기존업무의 지속적인 개선·지원 등의 업무를 담당한다.
* 안전하고 편리한 전자금융 환경을 제공하기 위해 전자금융 관련 업무 개발, 시스템 관리 및 유지 보수, 보안체계 운영 등의 업무를 담당한다.
* 고객 및 직원의 유무선 질의에 대한 신속하고 정확한 상담 및 전자금융에 대한 사용자(고객, 직원 등) 교육을 실시한다.
* 각종 운영 시스템에 산재해 있는 데이터를 전사적인 데이터 공유가 가능한 통합 데이터베이스에 추출·정제·적재하여 마케팅, 경영관리, 의사결정에 필요한 데이터를 효율적으로 제공하는 업무를 담당한다.
* 경영활동에 필요한 각종 정보 제공 및 관리를 위한 경영정보 시스템업무를 개발·운영하고, 서버 시스템의 효율적 관리, 정보 공유 및 의사소통 원활화를 위한 그룹웨어 시스템의 운영업무를 담당한다.

신탁관리

* 간접투자상품의 판매를 위한 위탁판매계약 체결, 판매펀드 선정, 전산협의를
  비롯한 제반판매업무를 수행하며 기타 상품 판매 활성화를 위한 마케팅업무
  를 병행한다.
* 신탁금융 서비스 제공 및 신탁재산의 효율적 운용을 통한 수익성 제고를 이
  끌어내며 신탁상품 마케팅, 리스크 관리, 백오피스업무를 원활히 수행하는
  업무를 담당한다.
* 수수료 수익 확충을 위해 증권투자신탁업무에 대한 전략 및 부문별 세부 추
  진계획을 수립하고 수행업무에 대한 관리와 기타 업무를 총괄한다. 수탁재
  산의 보관·관리업무를 담당하며 또한 펀드별 기준가격을 산출하며 수탁고의
  지속적인 증대를 위한 마케팅활동을 전개한다.

여신지원

* 신용분석 심사, 부실여신의 사전예방과 건전여신 확대를 도모하기 위해 여신
  심사 관련 제반업무를 수행하고, 각종 심사 관련 제도를 보완·개선하며 심사
  관련 정보를 제공하기 위한 일련의 제반활동을 실시한다.
* 여신의사결정을 위한 기업분석 정보 제공과 여신의 건전성 제고, 여신 및 수
  신 확대 등을 위해 여신거래 기업에 대한 인적·물적 사항과 재무 상태 및 기
  타 경영 상태를 계속적·연관적으로 조사·분석하고 신용도를 평가한다.
* 경매착수·채권신고, 허위 선순위채권 배당 배제 등 전반적인 경매 절차업무
  를 담당한다. 각종 소송사건에 대해 판례·법규 등을 조사하여 쟁점을 분석하
  고 방향을 설정하는 등, 소송 절차를 주도적으로 관리한다.
* 영업점에서 발생한 부실채권을 이관 또는 집중 받아 초기 사후관리, 경매, 소
  송, 보증기금 대위변제, 상각신청 등의 업무를 담당하고 임금채권, 임차보증
  금 등 선순위채권 감축활동에 주력하는 외에 추심활동을 수행함으로써 고정
  이하 여신을 조기에 감축하여 자산의 건전성을 제고한다.
* 대내외고객에 대한 파생상품 마케팅을 수행하고, 지속적인 고객 사후관리활동
  을 통해 거래 정보를 수집하며, 파생상품 거래를 체결하는 업무를 담당한다.
* 자산의 건전성 지표 제고를 위해 상각 및 ABS 발행(자산매각업무 포함) 계획을

수립하고, 추정손실로 분류된 채권은 절차에 따라 상각하는 업무를 담당한다.

* 영업점에서 발생한 회사정리·화의업체 등 본부 집중관리대상기업을 이관 받아 법정관리 결정, 정리계획 이행 점검, 기업신용 위험평가 등 사후관리를 통해 기업의 정상화를 유도하고, 계획 미이행 시 법적 절차를 통해 부실채권을 감축하는 일을 한다.

외환

* 외국환업무 추진, 업무계획 수립을 위한 자료 수집과 준비를 통해 대내외규정의 신설, 개정, 영업점 마케팅 지원 및 평가, 외국환 영업점 신설·폐지·지도 실무를 담당한다.

* 외환업무 전반 업무를 신속·정확하게 처리하며 사후관리를 위한 대외업무를 주도적으로 수행하며 원활한 영업점 지원 등의 업무를 담당한다.

인사 운영

* 직원이 자신의 역량을 최대한 발휘하여 경영목표를 달성할 수 있도록 적재적소 배치 및 승진, 채용, 인력관리 등 인사 제반업무를 담당한다.

* 급여 및 퇴직금 지급, 세무업무 지원, 복지후생시설 운영, 건강보험, 국민연금, 고용보험 등 일반업무와 수명사항을 담당한다.

* 노동조합 운영의 협조 및 정보 수집, 대내외기관의 지시 및 협조요청서의 처리와 노동조합과의 단체교섭, 노사협의회, 기타 노사협상 제반 내용에 대한 검토와 원활한 진행을 위한 실무를 담당한다.

* 직원의 업무 수행에 필요한 교육 과정을 개발하고 효과적으로 운영하는 업무를 담당한다. 연수 목적 달성에 필요한 제반사항을 지원하여 효과적인 연수 진행으로 직원의 업무능력 향상에 기여한다.

* 직무교육을 위한 교육계획 수립, 자료 작성, 업무상담 및 연구활동을 수행하고 온라인 및 오프라인 직무교육을 실시하여 직원의 실무처리능력을 제고함으로써 인적자원의 역량을 극대화한다.

자금운용

* 본부로 집중된 영업점 외환 거래 포지션 환리스크를 효율적으로 관리하며 외환시장 상황 분석 등의 업무를 담당한다. 금융공학 북운용을 통해 파생상품의 적정가격 산정과 전략적 운용을 통한 이익창출거래를 수행하고 리스크 마케팅 및 각 사업본부와 연계된 복합상품을 개발한다. 영업점 및 고객을 대상으로 한 시장위험 관리·상담업무를 담당한다.
* 대내외고객에 대한 파생상품 마케팅을 수행하고, 지속적인 고객 사후관리 활동을 통해 거래정보를 수집하며, 파생상품 거래를 체결하는 업무를 담당한다.
* 주식시장 상황을 파악·분석해 주식운용전략을 수립하고 주식 포트폴리오를 구성해 운용수익을 극대화한다. 운용업무와 관련된 기타 업무를 담당한다. 채권금융시장 상황을 파악·분석해 채권운용전략을 수립하고 채권 포트폴리오를 구성해 운용수익을 극대화하며, 운용업무와 관련된 기타업무를 담당한다.

자산신탁운용

* 은행 전체의 유동성 관리 및 수익성 제고를 위해 본부기획, 자금기획, 지급준비금, 본지점 이율 및 금리협의를 담당한다. 금융시장 조달, 여유자금 운용, 유동성 비율 및 금리 리스크 관리 등의 실무를 수행하고 대영업점 자금업무를 효율적으로 관리한다.
* 원활한 자금운용(프론트&미들 오피스)업무의 지원 및 자금 관리를 위해 외화 및 원화거래 관련 업무를 담당한다. 평가업무, 트레이딩계정 거래의 적정성 평가업무, 타행환 및 CD 공동망업무 등과 관련한 자금결제업무를 담당한다.

재무관리

* 은행의 재무제표를 작성·관리하고, 외부감사인의 회계감사수검을 포함한 모든 회계처리 절차를 수행한다. 내부 및 외부이용자가 필요한 회계 정보를 제공하고, 대외법률 준수 관련 업무를 담당한다.
* 정확한 과세표준 신고 및 세액 납부를 통해 납세의무를 적정하게 이행하고

은행의 전반적인 업무 및 경영에 필수적인 세무 정보를 지원 및 지도하는 업무를 담당한다.

점포전략

* 점포경쟁력을 강화할 수 있는 점포전략과 중장기 및 당기 점포계획을 수립한다. 점포 신설과 이전 계획에 의거 시장조사 등 점포개발업무를 담당한다.
* 점질분석과 경영 개선 추진 및 점포 운영의 사후관리업무를 수행한다.
* 창구조직에 따른 점포의 객장 및 영업장, 카운터를 비롯한 각종 부대시설의 전체적인 배치계획 수립 및 자동화기기 도입, 설치 및 수수료 관련 제반활동을 수행하고 자동화기기의 운영 관련 업무를 담당한다.

조사

* 은행 경영 및 CEO와 관련된 각종 자료 수집 및 분석, 보고서 작성, 기고 등의 조사연구업무를 담당한다. 선진은행의 경영전략, 상품 및 서비스, 마케팅전략 등을 연구·조사해 금융 서비스의 변화 추이와 은행 경영의 신조류를 파악하는 업무를 담당한다.
* 중소기업정책 건의 및 중소기업에 관한 연구 및 실태조사를 실시하며, 중소기업과 관련된 통계조사업무를 담당한다.

총무

* 서무·경리문서 사무 취급의 능률화와 통일을 기하고, 경비예산 집행에 따른 제반 세부사항을 검토한다. 각종 세금과 공과금의 적절한 납부 및 영업점 세무업무를 지도하고, 주식에 관한 사무를 담당한다.
* 업무용 동산과 부동산의 취득·관리·처분·물품 조달 등의 계획 수립 및 효율적인 운용으로 고정자산의 고정화 예방 및 건전화를 꾀하며, 적기 지원으로 영업력 강화 등 영업활동을 지원하는 업무를 담당한다.

카드사업

* 카드사업 계획을 수립, 추진하고 각종 실적분석 및 영업점에 평가 자료 등 정보를 제공한다.
* 각종 업무(회원 모집, 이용대금, 카드론, 가맹점, 직불카드 등) 및 규정을 제·개정한다.
* 신용한도관리전략을 수립·추진하고, 개별 부실회원 관리와 차원별 세분화를 기반으로 운용자산의 최적 포트폴리오를 관리한다. 자산의 건전성을 제고하여 카드사업 수익의 안정화 및 극대화를 도모한다.
* 카드회원에 대한 다양한 마케팅 수단을 개발하고, 고객 니즈에 부합하는 상품 개발 및 효과를 분석한다. 신규수익고객 창출, 기존회원의 카드 이용 활성화, 홍보 및 이미지 개선, 신종 제휴업무 등 카드사업 활성화를 추진한다.
* 카드 관련 사후관리·기획, 상각 등의 업무계획 이행 점검, 일반관리업무 등을 통해 채권의 연체 감축 및 부실화 방지를 위한 관리업무를 주도한다. 카드 관련 채권의 연체 감축과 리스크를 관리한다.

투자금융

* 국제투융자 업무계획 수립 및 실행, 차관단여신 및 외화유가증권의 주선, 외화유가증권의 매매거래, 국제투융자의 신규 투자 참여 검토와 심사 및 실행, 대내외 감사수검 등을 통한 국제투융자 수익 창출을 담당한다. 부서의 목표 및 세부 추진전략을 수립하며 고객과의 접점에서 사업 추진 여부 검토, 실행, 사업 관리 등 실무를 담당한다.
* 우수투자대상기업 등의 발굴, 투자 실행 및 투자자산의 관리를 통해 자산의 건전성을 제고하는 업무를 담당한다.
* M&A 대상의 지속적 발굴을 통해 업무를 활성화하고, 프로세스별 업무 수행 및 자산 관리 실무를 담당한다.

홍보

* 업무계획에 따라 광고, 공보 및 고객접점행사 등을 실시하여 대고객 이미지

제고에 기여한다.

* 방송과 사보의 세부기획 수립 및 타 부점과의 활발한 정보교류로 직원상호
  간 연대 강화 및 고객과의 유대 강화, 애행심 고취, 정서함양, 대고객 서비스
  제고와 당행 이미지 향상에 기여한다.
* 통일된 은행이미지(CI)의 기획 및 관리와 각종 매체, 홍보물 디자인 제작으로
  능동적인 지원활동업무를 담당한다.

02
금융경제 상식

BIS(Bank for International Settlement) 比率(國際決濟銀行 自己資本比率)

국제결제은행 기준에 따른 은행의 위험가중자산 대비 자기자본비율을 말한다. BIS비율이 높을수록 건전성이 높은 은행에 해당하며 국제업무를 하는 은행은 최소 8% 이상의 BIS비율을 유지해야 한다.

브릭스(BRICs, Brazil·Russia·India·China)

브릭스란 브라질(Brazil), 러시아(Russia), 인도(India), 중국(China) 4개 국가를 말하며, 각국의 영문표기 머리글자를 따서 만든 약어다. BRICs는 2003년 10월 미국의 유명한 투자회사인 골드만삭스(Goldman Sachs)가 발표한 〈브릭스와 함께 꿈을(Dreaming with BRICs)〉이라는 보고서에서 처음 사용되었다. 이들 브릭스에 포함된 국가들은 광활한 국토면적과 풍부한 자원, 그리고 많은 인구를 보유하고 있다. 세계 경제가 전반적으로 침체기였음에도 불구하고 이들 국가는 경제성장률도 높은 수준을 보이고 있다는 공통점을 지니고 있다.

특히 브릭스는 전 세계 인구의 약 43%와 면적의 29%를 차지하고 있으나, GDP 규모는 고작 전 세계의 8%에 그치고 있어 앞으로의 성장 가능성이 매우 큰 국가들로 평가받고 있다. 골드만삭스는 전 세계의 인구성장과 자본축적, 생산성 증가 등의 통계수치를 분석한 보고서를 통해 브릭스 국가들이 현재의 성장정책을 지속적으로 유지할 경우 오는 2050년경에는 경제강국 순서가 중국, 미국, 인도, 일본, 브라질, 러시아 순으로 바뀔 것이라고 분석한 바 있다.

CSS(Credit Scoring System)

CSS란 'Credit Scoring System'의 줄인 말로 개인 신용평가 시스템이다. 이는 금융기관마다 일정한 기준을 정해두고 개인의 신용에 점수를 매기는 것이다. 신용이 높은 사람은 저금리에 큰 금액을 대출받을 수 있으며, CSS가 낮은 사람은 고금리에 소액 대출 혹은 대출이 불가능한 경우도 있다.

결국 금융기관은 CSS를 통해 갚을 수 있는 만큼의 돈만을 대출해줘 그만큼 위험부담을 최소화 하고 있다. 금융기관별로 CSS 등급을 정할 때 가장 중요시되는 항목은 연체한 적이 있는지, 연체금을 제때 갚았는지가 주요 판단기준이 된다. 최근 카드 돌려막기를 일삼는 이른바 다중채무자 문제가 불거지면서 현금서비스 이용실적을 면밀히 체크하는 금융기관들도 늘고 있다.

ERP(enterprise resources planning)

'Enterprise Resource Planning'의 약자로 전사적 자원관리라고 한다. ERP란 기업 전체를 경영자원의 효과적 이용이라는 관점에서 통합적으로 관리하고 경영의 효율화를 기하기 위한 수단이다. 정보의 통합을 위해 기업의 모든 자원을 최적으로 관리하자는 개념으로 기업자원 관리 혹은 업무통합 관리라고 볼 수 있다. 좁은 의미에서는 통합적인 컴퓨터 데이터베이스를 구축해 회사의 자금·회계·구매·생산·판매 등 모든 업무 흐름을 효율적으로 자동 조절해주는 전산 시스템을 뜻하기도 한다. 기업 전반의 업무 프로세스를 통합적으로 관리, 경영 상태를 실시간으로 파악하고 정보를 공유하게 함으로써 빠르고 투명한 업무처리 실현을 목적으로 한다.

LOI(letter of intent)

내용에 따라 인수의향서, 투자의향서, 정책의향서 등으로 나뉠 수 있다. LOI는 국제거래에 관한 협상단계(정식 계약체결 이전 단계)에서 당사자의 의도나 목적, 합의사항 등을 확인하기 위해 문서로 작성하는 예비적 합의의 일종이다. 일방의 의사표시에 의해 작성되기도 하고 합의에 의해 작성되기도 하는데, 그 법률적 효력에 대하여 획일적 판단을 할 수 없으며 내용 및 표현에 따라 개별적으로 판단할 수밖에 없다.

LOI는 보통 어느 일방의 입장·의도·결정·약속 등을 전달할 경우, 최종협상에
앞선 회사 내의 의사확인용(결재용), 거래 관련 본국 또는 상대국의 인·허가
등을 위한 사전협의(내인가 등) 또는 조정용도로 작성된다.

오프쇼어 펀드(offshore Fund)

해석하면 해안선의 밖에 있는 펀드가 된다. 이 말은 원래 영국에서 사용된
용어로 영국의 투자신탁협회 해설에 의하면 '영국 이외에서 설립된 펀드로
Channel Islands 및 Man Islands를 포함한다'고 되어 있다. 이 정의에 의하
면 미국의 펀드나 프랑스의 펀드도 영국에서 보면 오프쇼어 펀드가 된다. 그
러나 일반에게 말할 때에는 하나의 조건이 추가되는 것이 보통이다. 그것은
펀드 자체 및 투자가에게 세금이 저렴한 속령(속령), 결국 조세 회피지(Tax
Heaven)에 설립된다는 것이다. 통상 이러한 지역은 규제도 완만하다. 세제상
또는 규제상의 장점을 추구하는 오프쇼어를 설립하고, 그것을 자국에 역수입
해 판매하는 경우가 대단히 많다.

RoA(Return on Asset)

매출액 영업이익률로 한 기업이 사용한 총자본에 대해 이익을 얼마나 남겼는
지 나타내는 지표다.

감자(reduction of capital)

감자란 회사가 결손을 메우기 위해 자본금을 줄이는 것을 말한다. 즉 결손금
에 해당하는 자본에 대해 주주의 지분을 소멸시키는 행위다. 3자우선 배정증
자는 기존주주 외에 제3자에게 증자주식을 배정하는 유상증자방식이다. 법
정관리기업이 부채의 출자전환을 위해 채권단을 대상으로 유상증자를 할 때
많이 사용된다. 주식회사는 사업 내용을 전보(塡補)하고 이 밖에 단수(端數)
자본금의 정리, 회사분할, 합병 등의 목적으로 감자를 한다. 감자는 주주의
이해관계에 변화를 초래하고 회사채권자의 담보를 감소시키게 되므로 주주
총회의 특별결의를 거쳐야 하고 채권자 보호 절차를 밟아야 한다.

개인워크아웃(Work out)제도

금융기관 간 자율협약에 따라 공동의 절차를 마련하여 원리금 상환유예·채무감면·상환기간 연장·분할상환 등의 채무조정을 통해 개인 신용불량자의 신용 회복을 지원하는 제도를 말한다. 은행·카드사·할부금융사·상호저축은행 등에서 총 3억 원 이하를 빌린 신용불량자 중 최저생계비 이상의 수입이 있는 다중채무자(2개 이상의 금융기관에 채무가 있는 자)가 지원대상이며, 농·수협 단위조합이나 새마을금고, 신용협동조합 대출은 제외된다.

경기동향지수(景氣動向指數)

경기동향지수(DI, diffusion index)는 경기확산지수라고도 하며 흔히 경기종합지수와 함께 사용된다. 경기동향지수는 경기종합지수와는 달리 경기 변동의 진폭이나 속도는 측정하지 않고 변화 방향만을 파악하는 것으로 경기의 국면 및 전환점을 판단할 때 유용하게 사용된다. 경기종합지수에서와 같이 선행, 동행, 후행지수의 3개 군(群)으로 구분되어 작성되며, 계절 변동과 불규칙요인이 제거된 계열을 가지고 총계열 중에서 전월에 비하여 증가한 지표 수가 차지하는 비중을 나타낸다. 예를 들어 20개의 대표계열 중 10개의 지표가 증가하는 방향을 움직였다면 경기동향지수는 50으로 나타나게 된다. 이 지수가 50을 초과하면 경기는 확장 국면에, 50 미만이면 경기는 수축 국면에 있음을 의미하며, 50이면 전환점에 있는 것으로 간주된다.

공개시장(公開市場) 조작

공개시장 조작이란 중앙은행이 단기금융시장이나 채권시장 같은 공개시장에서 금융기관을 상대로 국공채 등 증권을 사고팔아 이들 기관의 자금 사정을 변화시키고 이를 통해 통화량과 단기시장금리를 조절하는 정책수단이다. 개시장조작정책은 지급준비율정책 및 재할인정책과 더불어 중앙은행의 3대 간접통화관리수단의 하나로서 정책 효과가 금융시장의 가격 메커니즘을 통해 나타나고 중앙은행의 필요에 따라 조작 시기 및 규모를 신축적으로 결정할 수 있다. 이에 따라 공개시장조작정책은 가장 정통적인 통화신용조절수단으로서 오늘날 대부분의 선진국에서 주된 정책수단으로 활용하고 있다. 공개시장조작

수행방식은 채권의 단순매매(outright sales and purchases) 및 환매조건부매
매(RP매매, repurchase agreement) 두 가지가 있다.

단순매매는 시중유동성을 기조적으로 조절할 때 활용하는 수단으로서 중앙
은행이 채권을 완전히 사거나 파는 것을 말하며, 환매조건부매매는 일시적인
시중유동성 조절수단으로 중앙은행이 일정기간 후 다시 매입할 것을 조건으
로 보유 채권을 매각하거나 반대로 일정기간 후 다시 매각할 것을 조건으로
채권을 매입하는 것을 말한다.

국제수지(BOP)

국제수지(BOP, Balance of Payments)는 일정기간 동안 한 나라의 거주자와
비거주자 사이에 발생한 상품·서비스·자본 등의 모든 경제적 거래에 따른 수
입과 지급의 차이를 의미하며, 이를 체계적으로 분류·정리한 것이 국제수지
표이다. 국제수지는 경상수지, 자본수지, 준비자산증감 등 몇 가지 항목으로
이루어져 있는데, 경상수지는 다시 상품 수출입 결과인 상품수지, 운수·여행
등 서비스거래의 결과인 서비스수지, 노동과 자본의 이용대가(즉 임금 및 이
자)의 결과인 소득수지, 아무런 대가없이 제공되는 무상원조, 교포송금 등의
결과인 경상 이전수지로 나누어진다. 자본수지는 거주자의 대외자본거래 결
과로 발생한다. 이는 대내외 직·간접 투자 및 대출·차입을 포괄하는 투자수지
와 특허권 등 무형자산의 취득·처분, 이민에 따른 해외이주비 등을 포괄하는
기타자본수지로 구성되어 있다.

금산분리(金産分離)

금융자본과 산업자본을 분리하는 제도로 재벌기업이 은행을 소유하지 못하
도록 법으로 이를 막아 놓고 금융자본 역시 기업주식을 일정비율 이상 보유
할 수 없도록 제한하는 제도를 말한다.

금융소득종합과세

부부합산 금융소득(이자 및 배당소득)이 연 4,000만 원을 초과하는 경우 개
인누진소득세율로 종합과세하는 것을 말한다. 금융소득이 4,000만 원 이하

인 경우는 원천과세로 납세의무가 종결되며, 이자소득세율은 종전의 20%에서 15%로 인하되었다. 금융소득이 4,000만 원을 초과할 경우 초과금액에 대해서는 근로소득, 사업소득, 부동산임대소득 등 다른 종합소득과 합산해 누진세율로 종합과세 한다.

과세대상은 비과세소득과 분리과세대상 금융소득을 제외한 나머지 금융소득이다. 사채이자, 상장사 및 장외등록법인의 대주주가 받는 배당소득, 비상장사의 주주가 받는 배당소득, 국외에서 받는 이자의 배당소득 등에 대해서는 금융소득이 4,000만 원 이하이더라도 다른 소득과 합산해 종합과세를 한다.

기업 인수·합병(M&A, Merger and Acquisitions)

기업이 다른 기업의 경영권을 인수할 목적으로 상대 기업의 소유지분을 확보하는 것을 말한다. 기업 인수·합병은 기존 기업의 내적 성장한계를 극복하고 신규사업 참여 소요기간과 투자비용 절감, 경영의 노하우나 숙련된 전문인력 및 기업의 대외적 신용 확보 등 경영전략적 측면에서 발전했다. 우리나라는 1994년 증권거래법 제200조(주식의 대량소유의 제한 등)의 폐지를 골자로 한 거래법 개정안의 시행으로 많은 기업들이 기업 인수·합병에 관심을 기울이고 있다.

기업경기전망(실사)지수(BSI, Business Survey Index)

기업활동의 실적·계획·경기 동향 등에 대한 기업가들의 의견을 직접 조사, 이를 지수화 한 것으로 전반적인 경기 동향을 파악하는 지표이다. '기업경기실사지수'라고도 한다. 기업가들의 경기에 대한 판단, 장래 전망 등을 설문지를 통해 조사한다. 기업가의 판단과 계획이 단기적인 경기 변동에 중요한 영향을 미친다는 점에서 중요한 경기예측지표로 사용된다. BIS는 다른 경기지표와는 달리 기업가의 주관적·심리적 요소까지 조사가 가능하고, 정부 정책의 파급 효과를 분석하는데 활용되기도 한다. 그러나 기업경기전망지수는 비교적 쉽게 조사되고 작성될 수 있지만 조사자의 주관적인 판단이 개입될 여지가 많은 것이 단점이다.

기업구조조정전문회사(CRC)

구조조정기업의 매입·정리를 전담하는 민간회사로서 벌처 캐피털(vulture capital)이라고도 한다. 원래 벌처(vulture)란 '대머리독수리'라는 뜻으로 시체나 썩은 고기를 먹고사는 습성에 비유한 것이다. 한국 정부가 1997년 말부터 시작된 경제위기 시기에 생긴 많은 부실기업 정리를 활성화하기 위해 마련한 것으로, 외국의 벌처 펀드(부실기업의 정상화 및 부실증권에 특화하여 투자하는 외국의 투자기관)를 모델로 하여 금융회사·보험회사를 제외한 일반기업을 대상으로 한 구조조정 기구이다. 우리나라는 1999년 2월 산업발전법을 제정하면서 '기업구조조정전문회사제도'를 도입했다.

기업구조조정투자회사(CRV, Corporate Restructuring Vehicle)

기업구조조정투자회사(CRV)는 합의도출이 어려운 워크아웃(기업개선작업) 제도의 단점을 보완하기 위해 만들어진 서류상의 기업으로 산하에 자산관리회사를 두고 구조조정을 수행한다. CRV는 은행이 보유한 출자전환주식과 대출채권을 CRV에 결집시킨 후 기업구조조정을 전문으로 하는 자산관리회사(AMC)에 위탁·운용토록 함으로써 효율적인 의사결정과 부실채권의 원활한 정리를 꾀한다. 이와 함께 재무 상태가 악화됐거나 회생 가능성이 있는 기업의 경영을 정상화하고 이들 기업에 대한 금융기관의 부실채권이 신속히 정리되도록 한다.

디노미네이션(Denomination)

디노미네이션이란 본래 화폐 단위의 호칭을 뜻하는 것이지만, 보통 화폐 호칭 단위의 절하라는 의미로 쓰여 지고 있다. 즉, 화폐 가치를 변동하지 않고 모든 은행권과 지폐의 액면을 동일한 비율의 낮은 숫자로 표현하거나, 새로운 통화 단위로 화폐의 호칭 단위를 변경하는 조치를 말한다. 예를 들어 신·구 화폐의 환가비율을 100대 1 또는 10대 1로 절하하여 100원을 1원으로, 10원을 1환으로 변경하여 쓰는 것이다. 이 경우 절하하기 전 화폐 단위의 호칭과 절하 후 화폐 단위의 호칭상 혼동을 줄이기 위해 구원, 신원 등의 명칭을 쓰게 된다.

디노미네이션은 인플레이션이 진전되면서 경제량(經濟量)을 화폐적으로 표현하는 숫자(數字)가 많아 계산이나 회계기장 또는 현금을 지급할 때 국민들에게 발생할 수 있는 불편을 해소할 목적으로 실시된다. 그러나 일부 선진국의 경우에는 자국통화의 대외적 위상을 제고할 목적으로도 디노미네이션을 실시하며, 과거 중남미 제국과 같은 나라에서는 급격한 인플레이션의 과정에서 국민들의 인플레이션 기대심리를 억제할 목적으로 화폐 단위를 절하한 예가 있다.

디커플링(Decoupling)

동조화, 즉 커플링의 반대개념으로 한 나라 또는 일정국가의 경제가 인접한 다른 국가나 보편적인 세계 경제의 흐름과 달리 독자적 노선을 보이는 현상을 말한다.

랩어카운트(wrap account)

증권사 등 금융기관이 투자자의 성향에 맞춰 고객의 돈을 관리해주는 맞춤형 서비스를 말한다. 투자자들은 전문지식이 없어도 증권사의 자산관리사(FP)가 포트폴리오를 짜고 종목까지 추천하기 때문에 고객 입장에서는 믿고 안전하게 투자할 수 있으며, 증권사 등 금융기관에서는 예탁금의 일정 비율을 수수료로 받아 이익을 낼 수 있다. 랩어카운트에는 일임형과 자문형 두 가지가 있다. 자문형 랩어카운트는 고객의 돈을 받아 투자자문을 하는 수준에 그치나 일임형 랩어카운트는 말 그대로 증권사가 고객의 성향에 따라 주식이나 채권, 주식형 펀드 등 투자자의 자산 포트폴리오 구성에서 운용까지 모든 자산운용 업무를 대신해 준다. 엄격한 의미의 랩어카운트는 일임형이라고 할 수 있다.

레몬시장 이론

정보의 비대칭성 때문에 발생하는 현상을 설명하는 이론이다. 1970년 애컬로프(George A. Akerlof)의 〈레몬시장 이론(Market for Lemons)〉이란 논문에서 쓰인 용어다. 여기서 쓰인 '레몬'이란 우리나라의 '빛 좋은 개살구'처럼 겉만 멀쩡한 물건을 가리킨다. 그렇기 때문에 우리나라에서는 레몬시장을 '개살구시장'이라고 부른다. 레몬시장은 애컬로프가 설명한 역선택이론에서 등장하는 것으로 불완전한 정보에 기초 하에 행동하기 때문에 발생하는 비정상적인 선택이 이루어지는 시장을 말한다.

중고차시장을 예를 들면, 중고차를 파는 사람은 사는 사람에 비해 그 차에 대해서 더 많은 정보를 가지고 있다. 따라서 자신의 차가 결점이 많다면 이미 정해진 중고차의 시장가격이 만족스럽기 때문에 시장에 자신의 차를 내놓게 되지만 질 좋은 차를 가진 사람은 자신의 차의 성능에 비해 평균적으로 책정된 시장가격이 만족스럽지 못하기 때문에 차를 시장에 내놓지 않으려고 한다. 결과적으로 시장에는 질이 안 좋은 차가 상대적으로 더 많아지므로 구매자는 품질이 좋은 상품보다 역으로 품질이 낮은 상품을 선택할 가능성이 높아진다. 이것이 역선택(逆選擇)이론이다.

리디노미네이션(Redenomination)

화폐 단위를 바꾸는 것을 말하며 모든 금액이 일률적으로 단위가 바뀌는 것이다. 심리적인 영향을 제외하면 실제로는 아무런 영향도 미치지 않는다.

리보금리(LIBOR, London Inter-Bank offered Rate)

런던 금융시장에서 은행 간 대출 시 적용되는 금리를 말한다. 유로달러시장이 국제 금융에 커다란 역할을 하고 있어 이 금리는 세계 각국의 금리 결정에 주요 기준이 되고 있다. 보통 3개월짜리를 기준으로 세계 금융시장의 상태를 판단할 수 있지만 장기금리까지 파악하기는 어렵다. 리보금리의 변동은 유로달러의 수급, 특히 유로달러의 본원적 공급원인 미국의 금융정책에 의하여 큰 영향을 받는다. 우량은행의 자금 담당자들이 자기 은행의 자금 사정을 고려하여 자금을 대여하기도 하고 자금을 예입하기도 하는데, 전자에 적용되는 이자율을 'offered rate'라고 하고 후자에 적용되는 금리를 'bid rate'라 한다. 리보는 물론 'offered rate'이며, 현지 은행 간 거래, 현지 은행과 외국 은행 간의 거래, 은행과 일반고객 간 거래 등에 적용된다.

매몰비용의 오류(埋沒費用의 誤謬)

매몰비용은 이미 지출되었기 때문에 회수가 불가능한 비용을 말하며 매몰비용의 오류는 일단 어떤 행동을 선택하면 그것이 만족스럽지 못하더라도 이미 투자된 것이 아까워 그 행동을 정당화하고 계속 투자하는 것을 말한다.

모라토리엄(moratorium)

한 국민 경제가 외국 경제 주체에 대해 채무를 지고 있을 때, 채무상환기간이 도래했지만 채무상환기간을 일시적으로 연기시키는 것을 대외적으로 선언하는 경우를 지칭한다. 개별채무에 대해 빚을 갚을 능력이 없어 갚지 못하는 채무불이행(default)과는 다르다. 대개 디폴트가 예상되면 정부가 나서서 대외적으로 모라토리엄을 선언하고 빚을 일시적으로 재조정하는 작업을 거치는 경우가 많다. 이 경우 채무국은 외국계 채권금융기관과 협의해 빚을 탕감받거나 만기를 연장해 앞으로 채무 상환 가능성을 높이게 되는 채무재조정(rescheduling) 과정을 거친다.

방카슈랑스

프랑스어로 은행(Banque)와 보험(Assurance)의 합성어로 은행이 보험회사와 연계하여 만든 보험 성격이 짙은 상품을 말한다.

법정관리(法定管理)

법정관리란 부도를 냈거나 부도위기에 몰렸지만 회생가능한 업체에 한해 법원이 주주와 채권자 등 이해관계자들의 의견을 조정, 재기의 기회를 주는 제도로 법원에서 제3자를 지정하여 자금을 비롯한 기업활동 전반을 관리케 한다. '법정관리'라는 용어는 통상적으로 사용하는 것이며 정확한 법률용어는 '회사정리절차'다. 법정관리절차는 우선 일정요건을 갖춘 채권자나 주주, 이사회가 신청할 수 있다.

기업이 법정관리를 신청할 때는 대개 기존의 모든 채권·채무를 동결시키는 재산보전처분도 동시에 신청하기 때문에 채권자는 그만큼 채권 행사의 기회를 제약받는다. 회사정리법에 의하면 법정관리 신청이 들어오면 법원은 2주

이내에 재산보전처분 여부에 대한 결정을 내리고, 2~6개월 이내 (중소기업
은 3개월 이내)에 법정관리 개시 여부를 결정하게 된다.

변액보험제도(變額保險制度)

다수의 보험계약자가 납입하는 보험료 중 저축보험료를 따로 분리하여 별도
의 분리계정을 통해 주식이나 국채·공채·사채 등 주로 수익성이 높은 유가증
권에 투자하여 그 투자수익을 보험계약자의 환급금(해약환급금 또는 만기환
급금)에 반영하는 한편, 투자수익의 성과에 따라 보험금 지급 사유가 발생하
였을 경우 지급되는 보험금액이 변동되는 보험을 말한다. 전통적인 보험상품
은 미리 약정된 이율에 따라 만기환급금을 받지만 변액보험은 투자수익률에
따라 되돌려 받는 보험금이나 해약 환급금이 달라진다. 즉, 변액보험의 사망
보험금은 최초 계약한 기본보험계약의 '기본보험금'과 '투자실적(적립금-기
본보험계약의 예정책임준비금=초과적립금)'에 따라 증감하는 '변동보험금'
으로 구성된다. 보험의 성격을 유지하기 위해 변동보험금의 크기와 관계없이
사망보험금은 기본보험금을 최저보장으로 설정하고 있다.

블랙스완(black swan)

극히 예외적이고 알려지지 않아 일어날 가능성이 거의 없지만 일단 발생하면
엄청난 충격과 파장을 주는 일이니 사건을 말한다.

비체계적 위험(非體系的 危險)

증권시장 전반의 움직임에 관계없이 특정 개별주식에 한정된 위험으로 잔차
위험이라고도 한다. 이는 시장수익률 변동에 기인하지 않는 것으로 증권시장
전체의 변동과 관계없는 기업 고유의 요인, 예컨대 경기 변동과 무관하게 이
루어진 매출액 변동, 조업 상태, 관리능력, 노사문제, 특허 이용, 광고캠페인,
소비자 반응, 소송, 대정부관계, 기업 이미지 등에 기인하는 위험이다. 이 비
체계적 위험은 여러 종류의 증권에 분산 투자함으로써 저감될 수 있기 때문
에 분산 가능 위험이며, 특성선에 있어 시장수익률 RM의 변동에 의하여 설
명되지 않는 잔차 위험이다.

사모주식투자펀드(PEF, Private Equity Fund)

사모주식투자펀드는 소수의 투자자들로부터 자금을 모아 주식이나, 채권 등
에 운용하는 펀드를 말한다. 또한 투자신탁업법상에는 100인 이하의 투자자
를, 증권투자회사법(뮤추얼펀드)에는 50인 이하의 투자자를 대상으로 모집
하는 펀드를 지칭한다. 일반 공모펀드는 펀드 규모의 10% 이상을 하나의 주
식에 투자할 수 없고, 주식 이외의 채권 등 유가증권에도 하나의 종목에 10%
이상 투자할 수 없다.

그러나 사모펀드는 이러한 제한이 없어 이익이 발생할 만한 어떠한 대상에도
자유롭게 자금을 운용할 수 있다는 장점을 가지고 있다. 반면 이러한 점 때문
에 재벌들의 계열 지원이나 내부자금의 이동수단으로 활용될 우려가 있으며,
검은자금의 이동에도 사모펀드가 활용될 소지가 있다는 부정적인 측면을 표
출하기도 한다.

사외이사제도(社外理事制度)

회사 경영을 담당하는 이사 이외에 외부의 전문가를 이사회 구성원으로 선임
하는 제도로 대주주와 관련 없는 사람들을 이사회에 참여시킴으로써 대주주
의 전횡을 방지하려는 데 목적이 있다.

소비자신뢰지수(消費者信賴指數)

미국 경기를 나타내는 경기선행지수로 민간 경제기구인 컨퍼런스보드가 매
월 마지막 화요일에 발표하며 설문대상자에게 현재와 미래의 재정 상태, 소
비자가 보는 경제 전반의 물가, 구매조건 등에 대해 다양한 조사를 실시해 경
기에 대한 소비자의 인식을 지수화한 것이다.

소비자신뢰(태도)지수[CCI, Consumer Confidence (sentiment) Index]

소비자의 경기에 대한 인식이 경기 동향 파악 및 예측에 유용한 정보가 된다
는 전제하에 소비자의 현재 및 장래의 재정 상태, 소비자가 보는 경제 전반의
물가, 구매조건 등에 대해 설문조사를 하고 이를 지수화한 것을 말한다. 소비
자태도지수라고 하기도 한다. 소비자의 경기 인식을 바탕으로 작성된다는 점

에서 기업가의 경기 판단으로 작성되는 기업경기실사지수에 대응된다. 따라서 양 지수를 비교하고 종합함으로써 기업가와 소비자의 경기에 대한 감을 종합적으로 판단, 경기 예측력을 향상시킬 수 있다.

순이자마진(NIM, Net Interest Margin)

은행 등 금융기관이 자산을 운용해서 얻은 수익에서 조달비용을 뺀 다음 운용자산 총액으로 나눈 수치이며, 금융기관이 얼마나 수익을 잘 내는지 나타내는 지표다.

신주인수권부사채(新株引受權附社債)

회사채 형식으로 발행되며 일정 기간이 지나면 미리 정해진 가격으로 주식을 청구할 수 있는 회사채를 말한다.

신주인수권증권(新株引受權證券, warrant)

신주인수권증권이란 신주인수권부증권(BW)에서 분리되어 발행되는 유가증권으로 신주인수권을 행사할 수 있는 일정기간(행사기간) 내에 일정한 가격(행사가격)으로 발행회사의 신주를 정해진 수량만큼 인수할 수 있는 권리(신주인수권)를 표창하는 증권이다. 신주인수권증권은 주식, 채권과 달리 주식을 인수할 수 있는 권리 자체가 증권화되고 유통할 수 있다는 점에서 특징이 있다. 장차 특정 주식의 가격이 상승할 것으로 예상될 경우 신주인수권증권을 매입함으로써 추후 가격 상승 시 매도하여 수익을 거둘 수 있다. 이러한 점에서 개별주식의 콜옵션(call option)과 유사하다고 할 수 있다. 우리나라 증권시장의 경우 신주인수권증권의 거래는 2000년 7월 3일부터 개시되어 투자자 입장에서는 환금성이 보장되며, 채권 이외에 별도로 신주인수권증권을 매매함으로써 향후 주가 상승에 따른 재테크 수단으로 활용할 수 있게 되었다.

양도성예금증서(讓渡性預金證書, CD, Certificate of Deposit)

은행의 정기예금에 양도성을 부여한 무기명증권으로 증권사와 종금사를 통해 유통된다. 예금증서는 1900년대 초부터 개인과 기업의 저축성예금을 흡수하기 위해 발행되었으나, 1961년 2월 시티은행이 양도 가능하다는 표시를 하여 발행하기 시작함으로써 본격화되었다. CD는 최단만기가 30일 이상이며 최장만기에 대한 제한은 없다. 최저 발행금액에 대한 제한은 없으나 고객이 기관이나 법인인 경우 10억 원 이상이 대부분이며 개인인 경우에는 1,000만 원 이상이 일반적이다. 한국수출입은행을 제외한 모든 은행이 CD를 발행할 수 있다.

현재, CD는 대고객 또는 은행 간 거래에 의해 발행되고 있다. 대고객거래는 은행이 창구 또는 중개기관을 통해 금융기관 및 일반 개인·법인을 상대로 발행하는 방법으로 이루어진다. 은행 간 거래는 발행 은행이 매수 은행에 직접 발행하는 방법이다. 은행 간 거래로 발행되는 CD는 지급준비금 예치대상에서 제외되는 대신 은행 이외의 금융기관·일반 개인·법인에게 매도하는 것이 금지되어 있다.

역선택(逆選擇, adverse selection)

자기에게 유리하게 하려고 상대편에게 불리한 것을 고르는 일로 공급자와 수요자가 갖고 있는 정보가 각각 다르기 때문에 발생하는 경제 현상이다.

역외선물환(NDF, Non–Deliverable Forward)

자기 나라에서 발생할 수 있는 세제 및 운용상의 여러 가지 규제를 피하고, 금융·행정·조세·외환 관리 측면의 특혜를 누리기 위해 다른 나라(역외)의 현물환시장에서 운용되는 선물환을 말한다. 보통 역외선물환·차액결제선물환시장으로 부른다. 역외선물환시장에서는 결제일에 계약 원금을 상호교환하지 않고, 당초 약정된 선물환율과 지정환율 사이의 차이만을 지정통화로 정산하므로 실수요와는 무관한 투기적 거래가 많이 일어난다. 외선물환시장에서는 최소 500만 달러 단위로 거래되며, 1개월 물에서 5년 물까지 10개의 상품을 대상으로 한다. 거래방식은 시티, 체이스, 맨해튼, JP모건 등 미국계 은행과 투자회사들이 참여하는 직거래와, 여러 개의 브로커회사들이 일반고객을 상대로 중개하는 중개거래(브로커거래) 등 두 가지 방식이 있다.

싱가포르, 홍콩, 뉴욕 등의 역외시장에서 활발한 거래가 이루어지고 있으며, 국내기업 및 금융기관은 싱가포르와 홍콩에 형성된 시장에 주로 참여하고 있다. 싱가포르와 홍콩 역외선물환시장에서는 한국의 원화 외에 대만 달러, 중국 위안, 필리핀 페소, 인도 루피 등의 통화가 거래되고 있다.

역외펀드(off-shorefund)

증권의 매매차익에 대하여 과세하지 않고 엄격한 규제도 없는 지역에 본점을 둔 투자신탁을 말한다. 그러나 운용은 본점이 있는 지역 이외의 국가의 증권을 대상으로 한다. 역외펀드가 생긴 것은 1968년으로서 본점은 주로 캐나다, 버뮤다, 크라소, 바하마 등에 두는 경우가 많다. 이들 국가는 외환 관리가 엄격하지 않고 세금이 없든지 매우 저율이다. 주식 투자의 국제화가 진행됨에 따라 역외펀드 역시 증가되는 경향이 있다.

연방공개시장위원회(FOMC, Federal open Market Committee)

미국의 중앙은행이자 12개 연방준비은행을 총괄하는 기관인 연방준비제도이사회(FRB) 산하에 있는 단체로 공개시장조작정책의 수립과 집행을 담당하는 기구다. 연방준비제도이사회 이사 7명과 지역연방은행 총재 5명 등 총 12명의 위원으로 구성된다. 5명의 지역연방은행 총재 중 뉴욕연방은행 총재는 당연직이고, 나머지 4명은 11개 지역연방은행을 4개 권역으로 나누어 각 1명씩 선출하고 각 권역 내에서는 1년씩 교대로 참여한다. 의장은 연방준비제도이사회 의장이, 부의장은 뉴욕연방은행 총재가 맡는다. 매년 8회의 정기 회의를 개최하며, 매 회의 때마다 다음 회의 때까지 수행해야 할 공개시장조작 지침을 작성하여 발표함으로써 금융 상황에 관한 종합적인 분석과 연방준비제도이사회가 추진해야 할 금융정책의 기본 방향이 제시된다.

연방준비제도이사회(FRB, Federal Reserve Board)

우리나라의 한국은행 같이 미국의 중앙은행 역할을 한다. 1913년 12월에 도입된 연방준비제도(FRS, Federal Reserve System)의 주요 목적은 미국 내 통화정책의 관장, 은행-금융기관에 대한 감독과 규제, 금융체계의 안정성 유지, 미국 정부와 대중, 금융기관 등에 대한 금융 서비스 제공 등에 있다. FRS는 워싱턴D.C.에 본부를 둔 연방준비제도이사회(FRB)와 12개 지역연방은행을 두고 있다. 2004년 앨런 그린스펀이 이사회의 의장이며, 의장을 포함해 모두 7명의 이사(Governor, 14년 단임)가 있다. 이사회는 매주 수요일과 목요일에 두 번씩 모여 규제·통화에 관한 정책을 논의한다. FRS의 최대 기능은 물론 통화정책이다. 고인플레이션이 따르기 십상인 경기 확장과 경기 침체를 초래하는 지나친 인플레이션 억제정책 사이에서 절묘한 균형을 맞추는 일이다.

FRS는 이 통화정책을 재할인율(중앙은행과 시중은행 간 여신 금리) 등의 금리 결정, 재무부 채권의 매입과 발행(공개시장활동), 지급준비율 결정 등을 통해 수행한다. 그리고 이를 위해 연간 8회의 연방공개시장위원회(FOMC)를 개최한다. FOMC의 의장은 FRB 의장이, FOMC 부의장은 뉴욕연방준비은행장이 맡는다. FOMC에는 FRB의장을 포함한 이사(governor) 7명과 뉴욕연방준비은행장, 나머지 11개 지역은행장 중 1년 임기로 4명이 교체 선출돼 모두 12명으로 구성돼 있다. 미 금융가는 FOMC 회의 이외에, 매년 2월과 7월 FRB 의장이 험프리 호킨스법에 따라 상·하원에 제출하는 경제 전반과 통화정책에 대한 보고서 내용을 주목한다. FRB는 또 각 지역은행장들이 주요 기업가·이코노미스트·시장전문가 등의 경제 상황 의견을 종합해 작성하는, 이른바 '베이지 북(Beige Book)'을 1년에 8차례 발행한다. FRB가 이 같은 정책을 펴기 위한 기본 전제는 '독립성'이다. 이사들은 단임(14년)이라, 일단 대통령의 지명과 의회의 인준을 거쳐 취임하면 자연스럽게 정치적 독립을 유지할 수 있기 때문이다

예대마진(預貸, margin)

대출금리와 예금금리의 차로 금융기관의 주 수입이며 예대마진이 높을수록 금융기관의 수입이 늘어난다.

오쿤의 법칙

오쿤의 법칙(Okun's law)은 미국의 경제학자 오쿤이 실증분석을 통해 발견

한 실업률과 경제성장률 간 상관관계를 말한다. 요컨대 경제성장률과 실업률 간에는 부(負)의 상관관계가 있다고 생각하면 쉽다. 실업률이 올라가면 성장률이 떨어진다는 의미다. 오쿤은 미국 경제의 경우 실업률이 1% 늘어나면 경제성장률이 약 2.5% 감소한다는 사실을 발견했다. 이때 실업률이 1% 상승할 때 경제성장률 변화 정도를 오쿤의 계수(Okun's Coeffient)라고 부른다.

유동비율(流動比率)

유동비율(current ratio)은 단기채무에 충당할 수 있는 유동자산이 얼마나 되는가를 나타내는 비율로 여신취급 시 수신자의 지급능력을 판단하는 대표적인 지표로 활용되고 있다. 이 비율이 높을수록 기업의 지급능력은 양호하다고 할 수 있는데 일반적으로 200% 이상이면 건전한 상태로 보고 있다. 그러나 기업의 유동성이 크다고 반드시 좋은 상태라고 할 수만은 없다. 유동성이 필요 이상으로 높다는 것은 그 만큼 다른 곳이 투자하여 수익을 올릴 수 있는 기회를 상실하고 있다는 것을 의미하기 때문이다.

계산식 : 유동비율(%) = (유동자산 / 유동부채) * 100

임금피크제(salary peak system)

일정 연령에 도달하면 연공급적 임금 인상을 정지시키고 연차적으로 임금을 감액토록 하는 임금체계다. 기업은행은 '교수제'라는 이름으로 2002년에, 신용보증기금은 '워크 쉐어링(Work Sharing)제'라는 이름으로 2003년 5월에 임금피크제를 도입했다. 금융권을 중심으로 도입 기업이 점차 확산되고 있다.

임금피크제는 세 가지 유형으로 분류된다. 첫째는 정년 전 임금의 일정 비율만큼 감액해 정년 후에도 계속 근로 하는 형태다. 둘째는 정년을 연장하는 대신 기존 정년의 몇 년 전부터 임금을 감액하는 형태다. 셋째는 정년 전에 일정 근속연수가 경과하면 그 경과 시점부터 일정금액을 감액하는 형태로, 인구고령화 및 조기퇴직 경향에 따른 고령자 고용문제 해소를 위한 대안으로 모색되고 있는 유형이다.

'임금피크제'는 우리보다 먼저 고령사회로 접어든 일본에 의해 먼저 사용된 용어다. 일본은 1999년도에 65세까지의 고용기간 연장노력을 기업의 의무로 규정하는 '고연령자 고용안정법'을 제정했다.

자본시장통합법(資本市場統合法)

은행과 보험업을 제외하고 자본시장 관련 금융업종을 통합하는 법으로 이로 인해 금융업종 간 구분이 허물어져 자산운용사나 선물회사에서만 하던 일을 증권회사에서도 할 수 있게 되었다.

자산유동화증권(ABS, Asset Backed Securities)

자산유동화증권(ABS)은 보유하고 있는 자산을 담보로 증권화하는 것으로 자산 보유자가 자산에 묶여있는 현금 흐름을 창출하는 데 목적이 있다. 자산이 채권인 경우 자산 보유자가 보유하고 있는 채권을 특별 목적회사인 유동화전문회사에 양도하고 유동화전문회사는 채권을 담보로 ABS를 발행한다. 자산유동화증권 매출을 통해 회수된 자금을 원채권자에게 전달함으로써 유동화 과정이 완결되는 것이다. 그리고 원채무자는 ABS투자자에게 채무를 변제함으로써 투자자는 자금을 회수하게 된다. 유동화증권은 원보유자의 파산위험에 대비, 담보를 안전장치로 갖추고 있다. 자산 원보유자가 직접 발행한 채권보다 높은 신용등급으로 평가된다. 일반적으로 '자산담보부채권'이라 불려왔으나 1998년 9월 '자산유동화에 관한 법률'이 제정되면서 '유동화증권'이라는 용어를 사용하게 됐다. 유동화증권 중에 주택저당대출을 담보로 한 것은 주택저당담보부증권(MBS, Mortgage Backed Securities)이라 한다.

자유무역협정(FTA, Free Trade Agreement)

국가 간 관세 없이 무역을 하는 것을 말한다. 예를 들어 한국과 일본이 FTA를 맺는다면 한국이 수출하는 물건과 일본으로부터 수입하는 물건에 상호간 세금(관세)를 붙이지 않는다는 뜻이다. 우리나라처럼 수출 의존도가 높은 국가는 제품의 가격경쟁력을 갖게 된다. 국내 소비자 입장에서는 보다 싼 가격에 수입품을 구입할 수 있다. 노무현 정부 때 협상을 시작한 한미 FTA는 이명박 정부 때 재협상 과정과 2012년 국회의 비준동의를 거쳐 현재 그 효력이 발효 중에 있다.

전환사채(轉換社債)

회사채(會社債)를 발행한 회사의 주식으로 전환할 수 있는 권리가 인정되는 사채(社債)를 의미한다. 전환사채권자는 회사의 영업성적이 부진한 때에는 확정이자를 받고 호전되면 사채를 주식으로 전환하여 주주가 되어 시세차익 또는 이익배당을 받을 수 있으므로 회사로서는 사채 모집이 용이하게 되어 편리한 자금조달방법이다.

정보의 비대칭성(asymmetric information)

거래의 쌍방 중 어느 한 쪽이 다른 쪽보다 우월한 정보를 갖고 있는 경우이며 정보의 비대칭성이 클 경우 우월한 정보를 가진 쪽이 자신의 이익을 목적으로 로 거래 상대방을 속이거나 유리한 계약조건을 만들 수 있는 문제점을 가진 다(道德的 解弛, moral hazard).

제로금리(정책)

1999년 2월 12일 일본은행은 콜금리를 0.25에서 0.15% 전후로 인하한 데 이어 3월 콜시장에 다시 대규모 자금을 공급함으로써 금리를 0.02%까지 떨어뜨렸다. 이 같은 일본은행의 초저금리정책은 단기금리를 사실상 0%에 가깝게 유도하는 것이라는 점에서 (실질)제로금리정책이라고 부른다. 일본은 그 이전인 1980년대 후반부터 10여 차례에 걸쳐 금리인하 조치를 취해 왔으며, 결국은 자본주의 역사상 전례가 없는 제로금리까지 떨어지게 되었다.

일본은행의 이 같은 제로금리정책은 내수자극을 통한 경기 회복, 엔화 강세 저지, 기업의 채무부담 경감, 금융회사들의 부실채권 부담 완화 등 여러 측면의 효과를 겨냥한 것이지만 연금생활자와 저축자들에게는 불리하게 작용한다.

주가연계증권(ELS, Equity Link Securities)

특정증권의 가격이나 주가지수 수치에 연계한 증권으로 개별주식의 가격이나 주가지수에 상품수익이 연계되어 투자수익이 결정되는 유가증권이다.

주택 담보 인정 비율(LTV, Loan To Value ratio)

주택담보인정비율이란 금융기관들이 주택을 담보로 대출해줄 때 적용하는 담보가치, 즉 주택가격 대비 대출이 가능한 최대 비율을 말한다. 예를 들어 주택담보인정비율이 60%라면 시가 2억 원짜리 아파트의 경우 최대 1억 2,000만 원까지만 대출해주는 식이다. 실제로 대출받을 수 있는 돈은 이보다 더 작은 것이 보통이다. 돈을 갚지 않아 담보로 잡은 주택을 경매 처분하는 경우에 대비해, 전세금 같은 선순위채권 및 방 1개당 소액임차보증금을 빼고 대출해준다. 주택임대차보호법에 따라 세입자에게 우선권이 주어지기 때문이다.

지니계수(Gini Coefficient)

우리 경제가 부진을 면치 못하고 있는 가운데 빈부(貧富)격차는 더 벌어지고 있다. 가난한 사람은 더 가난해지고 부자는 더 부자가 되는 '빈익빈 부익부(貧益貧 富益富)' 현상이 심해지고 있다는 말이다. 이처럼 빈부격차라는 말이 나올 때마다 빠지지 않고 나오는 경제용어 중 하나가 지니계수이다. 지니계수(Gini Coefficient)는 이탈리아의 인구통계학자 코라도 지니(Corrado Gini)가 개발한 것으로 소득 불평등 정도를 나타내는 대표적인 지표입니다. 0에서 1 사이의 수치로 표시되는 지니계수는 한 나라의 경제 내 소득분포가 완전히 평등한 상태를 0으로 놓고 1에 가까울수록 불평등 정도가 높아지도록 만들어져 있다.

차이나플레이션(China-flation)

'중국'과 '인플레이션'의 합성어로 중국발 인플레이션을 뜻하며 중국 내 임금과 중국 원자재가격 상승으로 중국 제품의 수출 단가가 상승하면서 중국산 수입의존도가 높은 국가의 물가도 상승시키는 현상을 의미한다.

차익거래(差益去來)

프로그램 매매가 주로 사용되는 주가지수 차익거래란, 같은 상품인 주가지수 선물과 KOSPI200이 일시적으로 가격 차이가 발생하면 싼 것은 매수하고 비싼 것은 매도한 후 가격 괴리가 해소되는 시점에서 다시 매도·매수함으로써 이익을 실현하는 거래다. 선물은 만기일에 KOSPI200으로 정산되므로 결국 선물과 KOSPI200은 같은 상품이지만 만기 전에는 시장 상황에 따라 가격 차이가 발생하게 된다. 차익거래는 주식시장과 선물시장에서 동시에 매매가 이루어지며 프로그램매매를 이용하여 주식바스켓을 매수하고 선물을 매도하는 것을 매수차익거래라고 하고, 반대로 주식을 매도하고 선물을 매수하는 것을 매도차익거래라고 한다. 따라서 매수차익거래가 발생할 경우 주식시장은 상승하게 되고 매도차익거래가 발생할 경우 주식시장은 하락하게 되는 것이다.

청년실업(률)

청년실업(률)이란 15~29세 연령대의 실업(률)을 의미한다. 한편 OECD, UN 등 국제기구에서는 15~24세를 기준으로 삼고 있다. 이러한 차이는 우리의 경우 20대 남성의 군복무가 의무화되어 있는 등 경제활동을 개시하는 연령이 높은 것을 감안한 것이다. 청년실업률은 보통 전체실업률에 비해 높게 나타난다. 우리의 경우 2003년 8월 전체실업률은 3.3%이나 청년실업률은 6.9% 수준이다. OECD 국가도 평균적으로 청년실업률이 전체 실업률의 2배 수준을 보이고 있다. 이는 청년실업이 경기에 보다 민감하게 반응하고 학교에서 직장으로 원활한 이동을 제약하는 구조적 문제가 있기 때문이다. 경기침체가 발생하면 기업들이 우선 신규채용을 대폭 줄임에 따라 청년층 고용여건이 악화된다. 학교교육과 산업수요가 괴리되고, 졸업생과 기업을 연계하는 노동시장의 인프라가 부족한 것도 청년실업을 높이는 요인이다.

체계적 위험(體系的 危險)

체계적 위험이란 시장수익률의 변동에 따른 민감도를 말한다. 즉 시장수익률 변동요인인 결산기, 금리, 원자재가, 환율, 매출액, 기타 정치·경제·사회 등

주식시장에 미치는 변수에 따라 발생하게 된다. 분산투자에서 체계적인 위험은 전 주식시장의 종목에 미치므로 위험이 감소될 수 없는 반면에 비체계적인 위험만이 구성 주식수가 증가하면 자연히 감소하게 된다.

출구전략(出口戰略)

원래 임무를 완수한 군대의 퇴각 시나리오를 지칭하는 데서 유래했으며 경제에서는 경제정책의 기조를 원상 복구하는 것을 의미한다. 최근에는 미국의 양적완화정책의 출구전략이 자주 거론되고 있다.

출자전환(부채출자전환)

기업이 채권 금융기관의 대출금을 주식으로 전환함으로써 과다한 부채로 인한 문제를 덜어주어, 금융기관의 채권 부실화를 막는 것을 출자전환이라 한다. 출자전환은 금융기관이 보유하고 있는 채권을 당해 기업의 주식으로 직접 전환하는 직접 출자전환방식과, 투자자가 금융기관 매출 채권을 할인 매입 후 당해 기업 주식과 상계하는 간접 출자전환방식 등 두 가지 방식으로 나눌 수 있다. 출자전환은 기업의 재무구조를 개선할 수 있으며, 금융기관의 부실 축소, 국민 부담 축소, 국부의 해외 유출 방지 및 실업 문제 축소 등 기업 구조조정에 따른 사회적 비용을 최소화할 수 있다는 장점이 있다. 금융기관의 경우 BIS비율을 높이고, 기업 정상화 및 회생에 도움을 줄 수 있다. 출자전환의 단점을 보면 기업 입장에서는 무분별한 출자전환은 금융기관 보유 지분 확대의 결과를 낳아 금융자본에 의한 산업자본 지배의 우려가 있을 수 있으며, 지배주주의 경영권 약화와 금융기관 간섭 증가로 경영권 부재 현상이 나타날 수 있다. 금융기관 입장에서는 부실채권을 줄이는 효과는 있으나 투자자금이 장기적으로 묶여 수익성이 낮아지고 금융기관 부실로 이어질 수도 있다.

출자총액제한제도(出資總額制限制度)

동일한 기업집단에 속한 기업들은 서로 복잡한 출자–피출자관계를 가진다. 예를 들어, A사가 B사에 출자하고 B사가 C사와 D사에 출자하는 한편, D사가 다시 C사에 출자하는 구조다. 동일 기업집단에 속한 기업들끼리의 출자는 가공자본을 형성하기 마련이며, 이는 무분별한 계열사 확장의 수단으로 악용되기도 했다. 출자총액제한제도는 이러한 대기업의 문어발식 확장을 통한 경제력 집중을 막기 위한 규제조치 중의 하나이다. 즉, 자산이 많지 않으면서도 순환식 출자를 통해 수많은 계열 기업을 거느리려는 선단식 경영을 방지하기 위한 것이다.

이는 타회사 주식의 소유를 자산의 25% 이내로 제한하는 공정거래법상의 제도로 '출자총액제한기업집단'에 속한 회사는 순자산액의 25%를 초과하여 다른 회사에 출자할 수 없다. 출자총액제한이 적용되는 기업집단을 '출자총액제한기업집단'이라 하며, 출자총액제한대상기업집단은 자산총액을 기준으로 매년 대규모 기업집단을 지정(시행령에서 상위 30대 기업집단을 대상으로 규제)하던 것을 자산 규모 5조 원 이상 기업집단으로 공정거래법시행령을 개정해 2002년 4월 1일부터 시행중이며, 공기업도 규제대상에 포함된다.

캐리 트레이드(carry trade)

저금리로 조달한 자금으로 금리차를 이용하여 다른 국가의 특정유가증권 혹은 상품에 투자하는 거래를 말한다.

콜금리

은행이 자금이 일시적으로 부족한 경우 자금 여유가 있는 은행으로부터 돈을 빌릴 경우, 금융기관 사이의 자금융통에 발생하며 잉여자금이 있는 금융기관이 콜론(call loan)을 내놓으면 자금이 부족한 금융기관이 콜머니(call money)를 빌리고 이때 형성되는 금리를 말한다.

통화스와프(Currency Swap)

두 나라가 현재의 환율에 따라 필요한 만큼 상대국의 돈과 교환하고, 일정기간이 지난 후에 최초계약 때 정한 환율로 재교환하는 거래를 말한다.

통화안정증권(monetary stabilization bond)

통화안정증권은 한국은행이 통화량을 조절하기 위해 금융기관이나 일반인을 대상으로 발행하는 특별유통증권이다. 통안증권은 '한국은행법'과 '통화안정증권법'에 의거하여 발행되며 공개시장조작은 통화안정증권의 발행·상환이나 국채매매 조작을 통해 이루어진다. 통화안정증권은 일반은행의 유휴자금 흡수 및 금리 보조 목적으로 1961년에 최초로 발행된 이래 주로 금융기관을 대상으로 발행·상환이 이루어져 왔으나 1966년부터는 주로 유동성 흡수를 목적으로 매년 발행되고 있다. 1970년대 후반부터는 일반 공모방식으로도 발행되고 있다. 통화안정증권은 경상수지 흑자 시기에 해외 부문의 통화압력을 해소시키기 위한 매출 형태로 많이 발행되었으나, 현재는 시장원리에 입각한 공개시장조작을 활성화하기 위해 실세금리에 의한 경쟁입찰방식이 주종을 이루고 있다. 발행 한도는 총통화의 50%로 되어 있는데 방법과 한도는 금융통화위원회가 결정한다.

투자은행(投資銀行, IB, Investment Bank)

신규증권 발행으로 장기자금을 조달하려는 자금의 수요자와 자금의 공급자인 투자자 사이를 연결하는 중개기능을 주요 업무로 하는 증권인수업자(underwriting house)를 말한다. 소비자금융뿐만 아니라 단기금융시장업무, 선물옵션과 파생금융상품업무, 투자신탁과 투자자문업무, 부동산 관련 업무, 인수·합병(M&A) 등을 수행한다. 일반개인이나 기업고객을 상대로 예금을 받고 대출을 해줌으로써 이익을 얻는 상업은행(commercial bank)과 대응된다.

최근 미국에서는 투자은행이 산하에 은행, 보험사, 부동산회사 등 자회사를 두고 여러 가지 복합상품을 취급하는 종합금융 서비스를 취급하기도 한다. 도매금융에 특화된 투자은행들은 특히, 기업의 해외증권 발행 등을 대행해주면서 높은 수수료를 받고 있다. 또 M&A를 적극 중재하는 기능을 하면서 때에 따라서는 자신이 직접 기업을 샀다가 기업의 가치를 높인 후 되파는 거래를 하고 있다. 정부, 공공단체, 민간기업이 발행하는 증권에 적당한 발행조건을 설정하고 그 일부 또는 전부를 인수하여 투자가에게 매매하는 역할을 한다. 또한 구조조정 과정에 있는 국내 기업과 금융기관에 외국 투자가들을 연결해주는 역할도 하고 있다. 대표적인 투자은행으로는 골드만삭스, 메릴린치, 살로먼브러더스 등을 꼽을 수 있다.

하드머니(Hard Money)·소프트머니(Soft Money)

미국의 정치 헌금에서 나오는 말로 하드머니(Hard Money)는 정치인 개인에게 주는 돈을 말하며, 소프트머니(Soft Money)는 정당에 주는 헌금을 말한다. 이들은 금액에 있어서 차이를 갖고 있다. 이들 중 문제가 되는 것은 소프트머니다. 즉, 소프트머니는 기업과 정치 간 정경유착을 발생시킬 수 있으며, 우리나라의 경우에도 기업의 비자금이라는 것을 과연 소프트머니의 성격으로 볼 수 있는가 하는 것이 사회적인 이슈가 될 수 있다.

환매조건부채권(還買條件附債券, RP, Repurchase Agreements)

일정기간이 경과한 후 일정한 가격으로 동일한 채권을 다시 사거나 파는 조건으로 채권을 매매하는 것으로 단기자금의 운용과 조달수단으로 이용되고 있다. 매도기관은 수익성이 높으나 팔기 어려운 채권을 환매조건부채권 거래를 통해 유동화하여 일시적으로 필요한 자금을 구할 수 있고, 매수기관은 국채 등을 담보로 자금을 안전하게 운용할 수 있다.

회사채담보부증권(會社債擔保附證券, CBO, Collateralized Bond obligation)

현 시점에서는 현금이 아니지만 장래에 현금으로 전환할 수 있는 자산이다. 즉, 대출채권·부동산·할부대출 등을 담보로 발행하는 증권을 말한다. 자산담보부증권(ABS)의 일종으로 '채권담보부증권'이라고도 한다. 종류는 크게 우선적으로 담보권을 행사할 수 있는 선순위채권과 그렇지 않은 후순위채권으로 분류된다.

후순위채권(後順位債券, Subordinated bonds)

후순위채권은 기업이 파산했을 경우, 다른 채권자들에 대한 부채가 청산된 다음에나 상환을 받을 수 있는 채권이다. 대신 금리는 다른 채권에 비해 조금 높다는 장점이 있다. 다만, 보통주나 우선주 등의 주식을 보유하고 있는 주주보다는 변제순위가 앞선다. 최근 은행에 의한 발행이 크게 늘었는데 발행 목적은 자기자본비율을 유지하거나 이를 높이기 위한 것이다. 국제결제은행(BIS)의 자기자본비율을 산정할 때 후순위채권은 부채가 아닌 자기자본으로 계산되기 때문이다.

나도 은행원이 되고 싶다

초판 1쇄 2013년 10월 10일

지은이 이국헌
펴낸이 성철환 **편집총괄** 고원상 **담당PD** 이경주 **펴낸곳** 매경출판㈜
등 록 2003년 4월 24일(No. 2 – 3759)
주 소 우)100 – 728 서울 중구 필동1가 30 – 1 매경미디어센터 9층
홈페이지 www.mkbook.co.kr
전 화 02)2000 – 2610(기획편집) 02)2000 – 2636(마케팅)
팩 스 02)2000 – 2609 **이메일** publish@mk.co.kr
인쇄 · 제본 ㈜M – print 031)8071 – 0961

ISBN 979 – 11 – 5542 – 036 – 2(03320)
값 15,000원